国家职业技能等级证书评价改革培训教材·汽车维修工

汽车美容装潢工

（五级、四级）

广州市交通运输职业学校
广州市机动车维修行业协会　组织编写
　　　　冯明杰　主　编

人民交通出版社股份有限公司

北　京

内 容 提 要

本书为"国家职业技能等级证书评价改革培训教材·汽车维修工"系列培训教材之一。全书共六个项目，包括汽车清洗、汽车美容养护、汽车饰品选配与安装、汽车内外翻新与养护、汽车电子产品安装、汽车玻璃贴膜。

本书可作为汽车美容装潢工职业技能等级评定培训、企业培训教材，也可作为职业学校教学用书和有关人员自学用书。

图书在版编目(CIP)数据

汽车美容装潢工:五级、四级/冯明杰主编. —北京:人民交通出版社股份有限公司,2023.4
ISBN 978-7-114-18489-5

Ⅰ.①汽⋯ Ⅱ.①冯⋯ Ⅲ.①汽车—车辆保养 Ⅳ.①U472

中国版本图书馆 CIP 数据核字(2022)第 256221 号

Qiche Meirong Zhuanghuanggong(Wuji、Siji)

书　　名:	**汽车美容装潢工(五级、四级)**
著 作 者:	冯明杰
责任编辑:	张越垚
责任校对:	席少楠　卢　弦
责任印制:	刘高彤
出版发行:	人民交通出版社股份有限公司
地　　址:	(100011)北京市朝阳区安定门外外馆斜街 3 号
网　　址:	http://www.ccpcl.com.cn
销售电话:	(010)59757973
总 经 销:	人民交通出版社股份有限公司发行部
经　　销:	各地新华书店
印　　刷:	北京市密东印刷有限公司
开　　本:	787×1092　1/16
印　　张:	7.75
字　　数:	180 千
版　　次:	2023 年 4 月　第 1 版
印　　次:	2023 年 4 月　第 1 次印刷
书　　号:	ISBN 978-7-114-18489-5
定　　价:	26.00 元

(有印刷、装订质量问题的图书,由本公司负责调换)

国家职业技能等级证书评价改革培训教材·汽车维修工编写委员会

主 任 委 员	姚卫红　张志勤
副主任委员	谭宇新　张燕文　巫兴宏　肖泽民
委　　　员	(按姓氏笔画排序)

王　锋　　王婷婷　　艾　刚　　代　军　　冯明杰　　宁英毅
朱伟文　　刘　戈　　刘玉茂　　刘健烽　　李大广　　李贤林
肖伟坚　　肖泽民　　何　才　　余程刚　　沈洪涛　　张东燕
张　发　　张光严　　张会军　　张润强　　张锦津　　陈楚文
胡锡锑　　胡源卫　　黄小镇　　黄鸿涛　　梁焰贤　　揭光明
谢　明　　蔡楚花　　熊　汉

FOREWORD

前　言

为响应国务院关于深化"放管服"的工作要求和推进国家职业资格制度改革，将技能人员水平类评价由政府许可改为实行社会化职业技能等级认定，便于汽车维修从业人员持续学习和考取相应的职业技能等级证书，促进汽车维修行业从业人员的技能提升，广州市交通运输职业学校与广州市机动车维修行业协会联合编写了"国家职业技能等级证书评价改革培训教材·汽车维修工"系列培训教材共6册，分别是《汽车机械维修工(五级、四级、三级)》《汽车电器维修工(五级、四级、三级)》《汽车车身整形修复工(五级、四级、三级)》《汽车车身涂装修复工(五级、四级、三级)》《汽车维修检验工(五级、四级、三级)》《汽车美容装潢工(五级、四级)》。

本系列培训教材以《国家职业技能标准——汽车维修工》(2018年版)为依据，以汽车售后服务企业岗位群的职业能力需求为导向，结合当下汽车产业发展趋势和汽车维修行业新技术、新规范、新工艺、新材料编写而成。

本系列教材编写过程中对接行业和知名汽车的厂商技术标准，根据汽车维修工工作岗位技能和知识要求，整合成典型工作任务。在内容上明确任务适用级别，图文并茂阐述专业知识，用表格形式规范任务操作过程，并客观评价任务完成质量，从而满足汽车维修岗位从业人员职业技能等级证书培训和认证需求，亦满足从业人员的继续教育学习需求。

本书是国家职业技能等级证书评价改革培训教材之一，由广州市交通运输职业学校冯明杰担任主编，广州市机动车维修行业协会肖泽民和广州市交通运输职业学校黄小镇、沈洪涛、胡源卫参编。其中项目一任务1和项目四任务2由黄小镇编写，项目一任务2、项目五任务1和任务2由冯明杰编写，项目二任务1、任务2和项目三由沈洪涛编写，项目四任务1由肖泽民编写，项目六由胡源卫编写。

由于编者学识和水平有限，书中难免有不妥之处，恳请使用本教材的老师和学生批评指正。

编　者
2022年12月

目录

项目一　汽车清洗 ··· 1
 任务 1　汽车外部清洗（五级）··· 1
 任务 2　汽车内部清洁（五级）··· 8

项目二　汽车美容养护 ··· 17
 任务 1　汽车外部美容养护（五级）······································ 17
 任务 2　汽车内部美容养护（五级）······································ 26

项目三　汽车饰品选配和安装 ·· 38
 任务　汽车饰品选配和安装（五级）····································· 38

项目四　汽车内外翻新与养护 ·· 46
 任务 1　汽车漆面养护（四级）·· 46
 任务 2　汽车内饰件养护（四级）··· 58

项目五　汽车电子产品安装 ·· 66
 任务 1　汽车安全类电子产品安装（四级）···························· 66
 任务 2　汽车娱乐类电子产品安装（四级）···························· 78

项目六　汽车玻璃贴膜 ·· 90
 任务　汽车玻璃贴膜（五级、四级）····································· 90

模拟试题 ··· 104
参考文献 ··· 116

项目一 汽车清洗

项目描述

汽车清洗,包括汽车外部清洗和内部清洁。汽车外部清洗不仅能使车辆外观清洁亮丽,还可以防止污物对车漆腐蚀。汽车内部清洁可以给驾驶员和乘客提供一个干净、舒适的乘车环境。若车辆内部脏污、有异味,不但影响人体健康,而且会引起车内饰件过早老化或损坏。因此,车辆需要定期进行清洗。

本项目通过对汽车清洗所应用到的清洗工具、设备、使用材料以及清洗流程和方法进行讲解,让读者掌握汽车外部清洗和内部清洁的专业知识和操作要点。

任务1　汽车外部清洗(五级)

▶建议学时:4学时

考核要求

一、知识要求

1. 掌握汽车外部清洗安全防护知识。
2. 掌握汽车外部清洗设备操作规范及安全检查要求。
3. 掌握常用汽车外部清洗材料、工具的使用要求及标准。
4. 掌握汽车外部清洗的操作流程。

二、技能要求

1. 能识别、选用、调配外部清洁剂。
2. 能使用海绵或毛刷等清洗工具手工清洁汽车外部。
3. 能使用汽车清洗机、洗车液泡沫发生机清洗汽车外部。

一、汽车外部清洗基础知识

想要高效、无遗漏地清洗车外表各个位置,应按照一套优化的清洗流程进行操作。操作前,首先应熟悉汽车结构,熟知每个部件的名称和位置。

了解装饰件的材质特性,可以更好地选择清洁材料和清洁方法。汽车外部结构件的材质特性见表1-1。

汽车外部结构件的材质特性 表1-1

序号	名称	材质和特性
1	车门	材质有钢铁、铝合金等,金属材料有良好的延展性、导电、导热性能。铝合金的强度高,经过一定程度的冷加工可强化材质基体强度,部分牌号的铝合金还可以通过热处理进行强化处理
2	翼子板	材质有钢铁、铝合金、树脂材料,金属材料有良好的延展性、导电、导热性能;树脂材料有良好可塑性、耐久性
3	发动机舱盖	材质有钢铁、铝合金等,金属材料有良好的延展性、导电、导热性能
4	行李舱盖	材质有钢铁、铝合金等,金属材料有良好的延展性、导电、导热性能
5	保险杠	塑料,具有耐热性、受热不易变形等
6	后视镜	塑料,具有耐热性、受热不易变形等

二、汽车外部清洗工具、设备和材料

1. 汽车外部清洗工具、设备

汽车外部清洗需要用到的普通工具包括羊毛毯、羊毛球、软质毛刷等,如图1-1所示。

图1-1 羊毛毯、羊毛球、软质毛刷

汽车外部清洗专用的工具设备包括洗车机、脱水机以及泡沫清洗机等,见表1-2。

汽车外部清洗专用的工具设备 表1-2

序号	名称	图片	功能
1	洗车机		洗车机是一种高压装置,将水加压喷射形成细小的水雾柱,对车身表面进行清洁,耗水量较大,清洗一辆车约消耗40L水
2	脱水机		在离心力及热风的双重作用下,脱水机可迅速地脱去地毯垫上所吸附的水分,并予以烘干

续上表

序号	名 称	图 片	功 能
3	泡沫清洗机		利用压缩空气将水和蜡水进行溶解并发泡

2.汽车外部清洗材料

汽车外部清洗需要用到的清洁材料多为消耗类的美容用品,针对不同污垢,需使用对应的清洁材料。常见有洗车蜡水、轮毂清洗剂、沥青去除剂、虫胶去除剂等,见表1-3。

汽车外部清洗材料　　　　　　　表1-3

序号	清洗材料	性能特点	使用范围	使用方法
1	洗车蜡水	不渗透、高效除垢、安全环保	主要用于汽车外表的日常清洗	先将产品充分摇匀,将其与水按1:100的比例加入发泡罐内,均匀地喷洒在车身表面,然后用羊毛毯擦洗,完成后冲洗干净即可
2	轮毂清洗剂	如遇汽车轮毂发黄、有刹车粉、氧化、顽固油污、轮毂锈蚀、酸雨腐蚀等情况,用轮毂清洗剂清洗即可	适用于汽车轮毂清洗	将轮毂清洗剂喷嘴调成雾化状,均匀地喷洒在轮毂上,稍等溶解,用轮毂清洁毛刷刷洗干净,用清水冲洗干净即可
3	沥青去除剂	汽车在马路上行驶,马路上有柏油、沥青、顽污等,用沥青去除剂即可清洗完成	适用于车身金属件	将车身洗干净后,擦干水,先摇晃沥青去除剂,均匀地喷在有沥青的部位,稍等溶解,然后用擦拭纸擦干即可
4	虫胶去除剂	汽车停放在树下,难免会有虫胶、树胶、树脂、虫尸、鸟粪等顽固污渍,用虫胶去除剂可去除	适用于车身金属件	将虫胶去除剂喷嘴调成雾化状,均匀地喷洒在有顽固污渍部位,稍等溶解,用毛巾擦干净即可

任务实施

一、实训资源

(1)实训场地:汽车清洗实训场1个。
(2)实训车辆:轿车1辆。
(3)工具耗材与设备:汽车外部清洗材料1套、汽车外部清洁工具和设备1套。

二、安全注意事项

(1)操作人员应穿着工作服和工作鞋,必要时,须佩戴护目镜、耳塞和口罩。
(2)电动设备使用须严格按照额定电压、频率提供电源。
(3)各类清洁剂均含有一定化学成分,在喷洒喷涂时,谨防吸入或喷在皮肤上。

三、操作过程

车辆外部清洗前准备和清洗的工作操作方法及说明见表1-4。

车辆外部清洗前准备和清洗的工作操作方法及说明　　　　　表1-4

步骤	操作方法及说明	质量标准及记录
1.清空车内贵重物品、验车	(1)提醒车主取走贵重物品; (2)接车、验车	□车内无贵重物品,如手机、钱包等 □车内无纸巾盒、硬币、靠枕、装饰件等 □填写验车单
2.清洗轮毂	干车清洗轮毂,能更好地溶解顽固污渍	□清洗轮毂
3.冲洗汽车外部	冲洗汽车外部,按①—⑲顺序冲洗,冲走灰尘、沙石等表层污渍,并湿润车身 ①车顶 ②前风窗玻璃、刮水器槽 ③发动机舱盖 ④左前翼子板 ⑤左前门 ⑥左后门 ⑦后风窗玻璃 ⑧行李舱盖 ⑨左后翼子板 ⑩行李舱侧面及后保险杠、后保险杠底边	□完成车辆初次冲洗 □车表面无残留的沙粒、石子等锋利物体

续上表

步　骤	操作方法及说明	质量标准及记录
3.冲洗汽车外部	⑰右后翼子板　⑯右后门　⑭右前翼子板　⑮右前门　⑪左后轮毂舱轮毂、左侧底边　⑬前保险杠、前保险杠底边　⑫左前轮毂舱轮胎轮毂　⑱右后轮毂舱轮毂、右侧底边　⑲右前轮毂舱轮胎轮毂	
4.喷洒蜡水	均匀喷洒泡沫蜡水洗车液在车身上,等待3～5min	□均匀喷洒蜡水,无漏喷 □蜡水与污渍充分溶解
5.清洗车辆外部	(1)用羊毛毯清洗车身外部,清洗顺序如下: ①车顶的门缝结合线向另一侧→②车窗、车身腰线上半部→③车前风窗玻璃→④车发动机舱盖→⑤车灯及前格栅→⑥前保险杠→⑦车前翼子板、轮胎→⑧车身腰线下部→⑨车后风窗玻璃→⑩行李舱盖→⑪车后翼子板、轮胎→后保险杠→⑫车侧窗→⑬车身上半部→⑭车前翼子板、轮胎→⑮车身下部; (2)用软毛刷清洗缝隙	□按顺序擦洗车身 清洗车辆外部 □清洁车身缝隙 □车身干净清洁,无遗漏
6.二次冲洗汽车外部	冲洗顺序与第一次顺序相同,将擦洗后的污渍和残余泡沫冲洗干净	□将车身和缝隙泡沫完全冲洗干净

续上表

步骤	操作方法及说明	质量标准及记录
7.擦干车身水	(1)用大毛巾,两人拖住大毛巾从①发动机舱盖→②前风窗玻璃→③车顶→④行李舱盖,将水擦干; (2)用小毛巾将车身其他部位的水擦干; (3)用吹风枪配合毛巾将缝隙里的水吹干	□用大毛巾擦干 擦干车身水 □用小毛巾擦干 □缝隙无残余水渍
8.去除沥青	(1)检查车身下部是否有沥青,重点检查左右前门下部,左、右后保险杠的前端位置; (2)有沥青位置,将清洁剂均匀地喷洒,用擦拭纸擦干净	□去除沥青等顽固污渍
9.去除虫胶等顽固污渍	(1)检查车身上部是否有虫胶、树胶、树脂、虫尸、鸟粪等顽固污渍; (2)在上述污渍上均匀喷洒虫胶去除剂,用毛巾擦干净	□去除虫胶、树胶、树脂、虫尸、鸟粪等顽固污渍
10.完工检查	重新仔细检查一遍所有清洁部位,是否有遗漏未清洁到位的地方	□无遗漏,车内洁净
11.完工整理	车辆、工具、设备场地整理和复位	□按5S要求整理

任务评价

汽车外部清洁考核评分记录见表1-5。

汽车外部清洁考核评分记录表　　　　表1-5

类别	序号	项　目	考核内容及要求	配分	评分标准 (各项配分扣完为止)	得分
专业知识 (20分)	1	车外部清洁材料	正确描述轮毂清洁剂、洗车蜡水作用	5	能回答问题,但回答不完整,按比例扣分;不能回答,扣5分	
			正确描述沥青清洁剂、虫胶去除剂的作用	5	能回答问题,但回答不完整,按比例扣分;不能回答,扣5分	
	2	汽车外表清洁工具	正确描述洗车机的作用	5	能回答问题,但回答不完整,按比例扣分;不能回答,扣5分	
			正确描述泡沫清洗机作用	5	能回答问题,但回答不完整,按比例扣分;不能回答,扣5分	
操作技能 (80分)	1	劳保用品穿戴	劳保用品穿戴齐全	5	穿戴不全,不得分	
	2	正确选用工具、设备、材料	选用工具、设备、材料齐全准确	5	缺一件,扣1分;选错一件,扣1分	
	3	准备	准备工作齐全	5	准备不充分,一项扣2.5分	
	4	车身外部冲洗	用洗车机进行车身外部冲洗	10	方法错误,扣5分;未完成,扣5分	
		车身外部清洗	车身污渍清洗	15	方法错误,扣5分;未完成,扣5分	
		沥青、虫胶等清洁	人工去除沥青、虫胶、树脂、鸟粪等	15	方法错误,扣5分;未完成,扣5分	
	5	正确使用工具、设备、材料	工具、设备使用正确	10	一种工具、设备、材料使用不正确,扣2分	
					损坏、丢失一件工具,不得分	
	6	操作规程	操作规程执行情况	10	违反操作规程,不得分	
	7	清理现场(5S管理)	清理、擦洗并回收工具和设备	5	少收一件工具、设备,扣1分	
分数总计				100	最终得分	

考核员签字:_____　　　　　　　　　　　　　　日期:_____年___月___日

任务2 汽车内部清洁(五级)

▶ 建议学时:4学时

 考核要求

一、知识要求

1. 掌握常用汽车内部清洁材料使用要求及标准。
2. 掌握汽车内部装饰件的材质特性、清洁要求及擦拭方法。
3. 熟记汽车内部清洁的操作流程。
4. 掌握汽车内部地毯、玻璃清洁的操作及注意事项。
5. 掌握汽车内部清洁设备的操作规范、维护及安全事项。

二、技能要求

1. 能识别、选用、调配汽车内部清洁剂。
2. 能清洁仪表台、地毯、座椅等部位及物件。

 任务准备

一、汽车内部清洁基础知识

想要高效、无遗漏地清洁车内各个位置,应按照一套优化的清洁流程进行操作。在动手操作前,首先应熟悉车内结构,熟知每个部件的名称和位置,如图1-2所示。

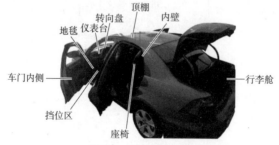

图1-2 车内部位名称

了解装饰件的材质特性可以更好地选择清洁材料和清洁方法。汽车内部装饰件的材质特性见表1-6。

汽车内部装饰件的材质特性　　　　表1-6

序号	名称	材质和特性
1	座椅	材质有皮革、人造皮革、纺织面料等。皮革韧性良好且触感细腻;纺织面料透气性好,成本较低
2	仪表台面板	材质有改性聚丙烯、PVC、聚氨酯(搪塑或喷涂)等,高档车也有使用真皮等材料

续上表

序号	名称	材质和特性
3	车门内饰	门内饰板以改性聚丙烯居多,也有用PVC/ABS片材吸塑、搪塑、人造革或天然皮革缝纫后内部低压发泡
4	顶棚	顶棚材料大多数为聚烯烃或PVC/ABS片材吸塑植绒
5	地毯	一般用尼龙,普通聚丙烯。地毯具有吸水吸尘特性,其中污渍要尽快清理掉,否则细菌会大量繁殖
6	行李舱	行李舱两侧塑料属于高分子合成材质,重量轻、强度高,具有良好的消音、阻尼防撞、减振作用
7	排挡手刹区	排挡手刹区有换挡杆、旋钮、按钮等,多数使用改性聚丙烯、聚碳酸酯(PC)、PC/ABS、尼龙等材料注塑,有些有二次注塑软质材料包裹覆盖

二、汽车内部清洁工具、设备和材料

1.汽车内部清洁工具、设备

汽车内部清洁需要用到的普通工具包括纯棉毛巾、软质毛刷、水桶等,如图1-3所示。

图1-3 纯棉毛巾、软质毛刷、水桶

汽车内部清洁专用的工具设备包括吸尘器(专业型吸尘器、便携型吸尘器)、地毯清洁机、脱水机以及蒸汽清洗机等,见表1-7。

汽车内部清洁专用的工具设备   表1-7

序号	名称	图片	功能
1	专业型吸尘器		专业型吸尘器集吸尘、吸水于一体,配有适合汽车内饰结构的专用吸嘴,操作简单,吸力大,并可与蒸汽机配套使用
2	便携型吸尘器		便携型吸尘器具有噪声低、体积小、质量轻、外形美观、携带方便等特点。通过电压转换器便可连接汽车电源使用。主要用于汽车内饰除尘

续上表

序号	名称	图片	功能
3	地毯清洁机		地毯清洁机利用温热水喷射溶解污渍,同时将污水抽吸到污水箱,干燥迅速
4	脱水机		脱水机在离心力及热风的双重作用下迅速地脱去地毯垫工作表面所附的水分,并烘干
5	蒸汽清洗机		蒸汽清洗机利用饱和蒸汽的高温和外加高压,清洗零件表面的油渍污物,还可以清洗细小的间隙和孔洞,剥离并去除油渍和残留物,达到高效、节水、洁净、干燥、杀菌等作用

2.汽车内饰清洁材料

汽车内饰清洁需要用到的清洁材料多为消耗类的美容用品,针对不同材料的汽车内饰部位需用对应的清洁材料。常见的有水晶内饰清洁剂、美化保护液等,见表1-8。

汽车内饰清洁材料　　　　表1-8

序号	清洁材料	性能特点	使用范围	使用方法
1	水晶内饰清洁剂	不渗透、高效除垢、安全环保	主要用于汽车内饰中化纤、木质、皮革、布艺、丝绒、工程塑料(如仪表台、顶棚)等制品的日常清洁	先将产品充分摇匀,以雾状喷于待清洁物体表面,然后用干毛巾均匀擦拭,稍后抛光擦干即可
2	美化保护液	如物品表面污垢严重,应先使用清洁剂清理干净。初次使用时,应连续使用三次,方可达到理想效果	适用于仪表板、座椅、仪表台、车门内装饰条、车窗密封条及安全带等物品的保护	(1)喷洒:将美化保护液喷在干布、海绵或干净物品的表面; (2)擦拭:喷后稍等30min至完全溶解,然后用干布或海绵进行擦拭

一、实训资源

(1)实训场地:汽车清洗实训场 1 个。
(2)实训车辆:轿车 1 辆。
(3)工具耗材与设备:汽车内部清洁材料 1 套,汽车内部清洁工具和设备 1 套。

二、安全注意事项

(1)操作人员应穿着工作服和工作鞋,必要时佩戴的护目镜、耳塞和口罩。
(2)电动设备使用严格按照额定电压、频率提供电源。
(3)蒸汽清洗机使用时谨防高压蒸汽烫伤。

三、操作过程

1.车辆内部清洗前的准备工作

汽车内部清洗前操作方法及说明见表1-9。

汽车内部清洗前操作方法及说明　　　　表1-9

步　　骤	操作方法及说明	质量标准及记录
1.清空车内物品	(1)提醒车主取走贵重物品; (2)将车内物品移到干净、安全位置; (3)将地毯垫取出,放到地毯垫清洁区; (4)将行李舱物品移到干净、安全位置	□车内无贵重物品,如手机、钱包等 □车内无纸巾盒、硬币、靠枕、饰件等 □取出地毯垫 □清空行李舱物品
2.车内除尘	(1)组装专业吸尘器。 ①连接所有吸尘管、水软管,并选择适当尘刷; ②确认电源电压和频率,连接电源; ③将吸尘管与本机的吸嘴连接 提示:切勿将电源线安装在机身吸嘴后方;吸尘时,必须安装积尘纸袋方可吸尘;吸水前应去掉集尘纸袋,并取出圆桶内杂物	□正确选用吸尘器配件 □接通电源 □连接吸尘管 □完成吸尘器安装
	(2)专业吸尘器除尘。 遵循从高到低的原则,用吸尘器将车内的灰尘、沙土、纸屑等杂物清理干净	□顶棚 □仪表台 □排挡手刹区

续上表

步 骤	操作方法及说明	质量标准及记录
2.车内除尘		□座椅 □后风窗玻璃下方背板 □车门 □地毯
3.便携型吸尘器除尘	(1)将直流12V电源插头插入汽车点烟器内,打开电源开关至ON位置; (2)空间较宽的地方使用宽嘴,空间比较狭窄的地方使用直嘴; (3)吸座位下面的灰尘需要套上胶管,以增加长度 空调出风口清洁　　座椅缝隙清洁 提示:便携型车载吸尘器清除车内细小缝隙灰尘或杂物,使用时应使吸入口平贴吸附面以达最佳的效果	□接通电源 □根据清洁部位选择吸嘴类型 □根据需求选配胶管 □完成内饰缝隙吸尘

2. 汽车内饰高压蒸汽喷洒预洗

汽车内饰高压蒸汽预洗操作方法及说明见表1-10。

汽车内饰高压蒸汽预洗操作方法及说明　　　　　　　　表1-10

步 骤	操作方法及说明	质量标准及记录
汽车内饰蒸汽预洗	(1)蒸汽清洗机加注水。利用量筒、漏斗向蒸气壶中注入适量水。 (2)预热。插上电源,开启开关按钮,开始预热10min。 (3)清洗。选择合适内室结构的蒸汽喷头,并用半湿毛巾包裹,选择合适温度,然后将蒸汽喷嘴对准需要清洁部位,按动蒸汽扳机对下列位置进行清洗: ①顶棚和风窗玻璃预洗; ②仪表台和空调出风口预洗; ③车门内饰预洗; ④座椅预洗; ⑤地毯预洗; ⑥车厢预洗 提示:蒸汽清洗机的高温蒸汽喷洒到汽车内饰件表面起到预洗来软化污渍效果,同时将室内的细菌和病毒清理干净	□注水量为_____L □预热完成,工作指示灯_____(点亮/熄灭) □完成车内各部位蒸汽喷洒

3. 汽车内饰人工擦洗

汽车内饰人工擦洗操作方法及说明见表1-11。

汽车内饰人工擦洗操作方法及说明

表 1-11

步骤	操作方法及说明	质量标准及记录
1. 车内顶棚、内壁和安全带的清洗	(1) 将水晶内饰清洁保护剂摇匀,然后均匀喷洒于皮革、化纤等制品的顶棚、内壁与安全带表面,待泡沫浮起; (2) 用毛巾反复擦拭,对污垢较重部位可用软毛刷刷洗 顶棚、安全带清洗	□ 清洁剂均匀附着饰件表面 □ 饰件洁净,无污渍
2. 仪表台的清洗	(1) 将内饰清洁保护剂摇匀,然后均匀喷洒于仪表台表面; (2) 先用湿毛巾擦拭,再用干毛巾擦干; (3) 对于仪表台上凹槽等难以清洗处,可在喷洒清洁剂后用软毛刷除去污垢,也可以一边用刷子刷除污垢,一边用吸尘器来吸 喷洒清洁剂　　软毛刷刷洗仪表台	□ 清洁剂均匀附着饰件表面 □ 饰件洁净,无污渍
3. 转向盘、排挡手刹区的清洗	(1) 将水晶内饰清洁保护剂摇匀,然后均匀喷洒于转向盘、排挡手刹处; (2) 先用湿毛巾擦拭,再用干毛巾擦干	□ 清洁剂均匀附着饰件表面 □ 饰件洁净,无污渍
4. 座椅的清洁	(1) 化纤织物座椅。 ① 使用长毛刷子与吸力强的吸尘器配合,一边刷座椅表面,一边利用吸尘器的吸口端把污物吸出; ② 用毛刷清洗较脏的部位,然后用干净的毛巾蘸少量中性清洗剂,在半湿情况下,全面擦拭座椅表面; ③ 用吸尘器再对座椅清洁一遍,消除多余的水分,使座椅尽快干燥。 (2) 人造革、真皮座椅。 ① 将万能清洗剂喷于座椅表面; ② 用软毛刷刷洗后用湿毛巾进行擦拭; ③ 再用干毛巾擦干	□ 座椅无污物 □ 饰件洁净,无污渍 □ 无多余水分 □ 清洁剂均匀附着饰件表面 □ 饰件洁净,无污渍

提示:如需对真皮座椅进行护理,可先将真皮护理剂喷洒在海绵上,然后将护理剂均匀涂抹在座椅表面,10min 后用干毛巾擦干

续上表

步 骤	操作方法及说明	质量标准及记录
5.车门内饰的清洗	(1)车门的电子开关处用胶带遮挡； (2)将水晶内饰清洁剂摇匀,然后均匀喷洒于内饰处； (3)用湿毛巾擦拭,再用干毛巾擦干	□完全遮挡 □清洁剂均匀附着饰件表面 □饰件洁净,无污渍
6.车内地板的清洁	(1)用喷壶将清洗剂喷洒到污渍的地板物件上,溶解污渍； (2)用地毯清洁机通过强力的吸力把污水吸取； (3)清洁结束后,倒出污水箱污水,并清洁装复原位	□地毯污渍能溶解 □污水完全抽取 □清洁地毯清洁机
7.地毯垫清洗	(1)先使用吸尘器进行吸尘处理,可以处理掉一些简单的污渍； (2)对一般污渍,喷洒适量的洗涤剂,用刷子刷洗干净,最后用干净的抹布将多余的洗涤剂吸掉； (3)对顽固污渍,可用水打湿,均匀撒上洗衣粉,然后用高压水枪近距离冲洗； (4)冲洗干净后,把地毯折叠好放入脱水机内甩干、烘干即可 地毯脱水、烘干	□能清除简单污渍 □地毯洁净,无污渍 □完成地毯脱水烘干
8.行李舱清洗	(1)将万能清洗剂均匀喷洒于后行李舱表面； (2)待泡沫浮起,用毛巾反复擦拭,对污垢较重部位,可用软毛刷刷洗 行李舱清洗	□清洁剂均匀附着行李舱表面 □洁净,无污渍

续上表

步　骤	操作方法及说明	质量标准及记录
9.车内顽渍的清除	(1)清除血迹。 当发现座椅或地毯上沾有血迹： ①如果血迹未干，先用冷盐水浸湿，再用干毛巾吸去水分； ②如果血迹已干，可在血迹处滴几滴氨水，等几分钟后，再用湿毛巾擦拭干净。 (2)清除糖果污染。 ①先将黏结的固态糖果清除，然后用沾有热水的毛巾清除残留的液态糖； ②再用清洁剂清除糖液痕迹。 (3)清除酱汁或口红痕迹。在车内吃番茄酱等酱类食品时，如不慎污染了座椅或地毯，或不小心将口红等染印在座椅上，可及时用冷水浸湿的抹布擦拭，或用海绵轻轻刷洗，稍后再用泡沫清洁剂清洗。 (4)清除可乐、咖啡等饮料痕迹。用冷水浸湿的抹布擦拭，注意千万不能用热水或肥皂清洗，因为肥皂和热水会将痕迹固定在座椅或地毯表面。 (5)清除儿童尿渍。可先用热的肥皂水浸湿的抹布擦拭，再用1∶1的氨水和冷水溶液将抹布浸湿后覆盖在尿湿的地方，几分钟后拿走抹布，最后用湿抹布擦净。 (6)清除呕吐物。乘客因晕车等原因出现呕吐，应先将呕吐物打扫干净，再用沾有温肥皂水的毛巾擦拭一遍，最后用苏打水溶液将毛巾浸湿擦拭干净	□能清除未干血迹 □能清除已干血迹 □能清除糖果污染 □能清除酱汁或口红痕迹 □能清除饮料痕迹 □能清除尿渍 □能清除呕吐物
10.完工检查	重新仔细检查一遍所有清洁部位，是否有遗漏未清洁到位的地方	□无遗漏，车内洁净
11.完工整理	车辆、工具、设备场地整理和复位	□按5S要求整理

任务评价

汽车内部清洁考核评分记录见表1-12。

汽车内部清洁考核评分记录表　　　　表1-12

类别	序号	项　　目	考核内容及要求	配分	评分标准 （各项配分扣完为止）	得分
专业知识 (20分)	1	汽车内部清洁材料	正确描述水晶内饰清洁剂作用	5	能回答问题，但回答不完整，按比例扣分；不能回答，扣5分	
			正确描述美化保护液作用	5	能回答问题，但回答不完整，按比例扣分；不能回答，扣5分	
	2	汽车内清洁工具	正确描述专业型吸尘器作用	5	能回答问题，但回答不完整，按比例扣分；不能回答，扣5分	
			正确描述蒸汽清洗机作用	5	能回答问题，但回答不完整，按比例扣分；不能回答，扣5分	

汽车美容装潢工 (五级、四级)

续上表

类别	序号	项目	考核内容及要求	配分	评分标准（各项配分扣完为止）	得分
操作技能（80分）	1	劳保用品穿戴	劳保用品穿戴齐全	5	穿戴不全，不得分	
	2	正确选用工具、设备、材料	选用工具、设备、材料齐全准确	5	缺一件，扣1分；选错一件，扣1分	
	3	准备	准备工作齐全	5	准备不充分，一项扣2.5分	
	4	吸尘	车内除尘	10	方法错误，扣5分；未完成，扣5分	
		蒸汽预清洁	内饰高压蒸汽预洗	15	方法错误，扣5分；未完成，扣5分	
		清洁	内饰人工擦洗	15	方法错误，扣5分；未完成，扣5分	
	5	正确使用工具、设备、材料	工具、设备使用正确	10	一种工具、设备、材料使用不正确，扣2分	
					损坏、丢失一件工具，不得分	
	6	操作规程	操作规程执行情况	10	违反操作规程，不得分	
	7	清理现场(5S管理)	清理、擦洗并回收工具和设备	5	少收一件工具、设备，扣1分	
		分数总计		100	最终得分	

考核员签字：_____　　　　　　　　　　日期：_____年___月___日

项目二　汽车美容养护

项目描述

汽车外饰件主要有风窗玻璃、车窗玻璃、后视镜、车灯、轮毂、轮罩、保险杠与饰板等。外饰件美容主要包括玻璃的清洁与抛光、车灯的清洁与抛光、后视镜的清洁与护理、轮毂与轮罩的清洁与护理、保险杠及饰板等作业,而汽车内饰养护主要针对仪表台、内饰件以及座椅等进行清洁和养护。这些部件的清洁护理不仅能确保行车安全,并给驾乘人员美的享受,还可以延长它们的使用寿命。各个部件都用相应的专用清洗剂、抛光剂或护理剂来美容养护。

本项目通过对汽车内外饰件的护理应用到的清洗工具、设备、使用材料以及养护流程和方法进行讲解,从而让读者掌握汽车内外饰件清洁护理和抛光的专业知识和操作要点。

任务1　汽车外部美容养护(五级)

▶ 建议学时:4学时

考核要求

一、知识要求

1. 熟悉车身污垢的种类和形成原因。
2. 掌握去除不同残留杂物的各种清洁剂和辅助配套工具的选用方法、施工方法、工艺流程及注意事项。
3. 掌握车蜡的分类、手工打蜡的操作流程和注意事项。
4. 掌握车身塑料件养护材料的种类和使用方法。

二、技能要求

1. 能清除车身树胶、鸟粪等污物。
2. 能清洁轮毂表面污垢。
3. 能进行漆面手工打蜡。
4. 能进行车身塑料件清洁护理。

任务准备

一、汽车外部美容养护基础知识

汽车在行驶过程中,油漆表面不可避免地会有污渍。漆面上的常见污渍有灰尘、油渍、沥青、铁粉、鸟粪、果浆、油漆、昆虫尸体、氧化层、黏胶纤维、水泥等。常见污渍及形成原因和解决方法见表2-1。

漆面常见污渍　　　　　　　表2-1

序号	常见污渍	形成原因及解决方法
1	灰尘	灰尘和沙子是车漆上最常见的污垢,灰尘主要覆盖在车漆表面,沙子主要附着在门把手下方的位置。解决方法:洗车机清洗
2	油渍	车辆停放在油烟机排气口附近或者烧烤店附近不可避免会受到油烟污染。油烟会浮在油漆、玻璃和塑料零件上。油渍和灰尘的结合,在太阳加热下形成油污。解决方法:用专业的重油清洁剂清洗
3	沥青	沥青主要来源于沥青路面,新铺沥青路或夏天高温导致沥青融化。沥青的主要沉积区域是轮毂、车门下部和侧裙,在这种情况下,清漆层很容易被腐蚀。解决方法:使用沥青清洁剂清洗
4	铁粉	铁粉平时看不见摸不着,但对车漆的影响不亚于沥青。铁粉的来源是空气和制动粉尘。解决方法:使用铁粉洗涤剂,喷在表面,直到洗涤剂与铁粉发生反应
5	鸟粪和果浆	对于绿色植物多、樟树多的社区,鸟粪和果浆也多。鸟粪和果浆在高温下会导致车漆干燥和开裂。解决鸟粪和果浆的方法:及时发现,直接用湿毛巾或水清洗干净
6	油漆	遇到油漆的污垢概率很小。如发现停车的地方附近正在油漆或喷漆作业,请尽量避开。解决方法:使用油漆清洁剂和砂纸解决
7	昆虫尸体	虽然昆虫尸体没有鸟粪严重,但是时间长了也会损伤车漆。虫尸最常见的地方是前保险杠和后视镜。解决方法:及时使用虫尸清洁剂清理
8	氧化层	漆面氧化层更多是车辆高速行驶产生静电,污垢附着在油漆表面的结果,同时也是不断堆积沉积的结果。这种污垢的成分比较复杂,包括灰尘、油渍、铁粉等。白色的车最明显,也可以看雨后的白色车漆,留下黑色物质,就是原来的成分。要彻底清洁,需找专业机构清理
9	黏胶纤维	这属于外来污渍,比如有的贴着实习标志,有的贴着贴纸。因为贴纸的材质不同,质量不同,黏贴时间不同,许多贴了很久的贴纸被撕掉,会留下胶水。解决方法:使用除胶剂慢慢清洗
10	水泥	汽车经常行驶到施工现场时,水泥粘在漆面上不会立即结块。一旦结块,很难处理,油漆可能会被非专业的处理方法划伤。解决方法:找专业的汽车店清理

二、汽车外部美容养护工具、设备和材料

1. 清洗剂的正确选用

在进行车身表面清洗时,切勿使用洗衣粉、洗洁精等含碱性成分较大的普通洗涤用品。碱性洗涤用品会使车身漆面失去光泽,严重的会使车漆干裂,造成不可挽回的损失。因此,要使用专用的清洗剂或清洁香波。专业的车用清洗剂均含有表面活性剂、功能性高分子材料等,具有较强的渗透能力和增溶能力,可降低界面间的张力,既能有效去除车身表面的各类顽固污垢,同时具有除雾、防锈功能,且不含有害物质,不会损伤车身表面。

汽车各部位的清洗按材料的不同应使用不同的专业清洗剂,这些清洗剂都是根据汽车技术要求,按照独特的配方和生产工艺制造出来的,是一般家用清洗剂所不能替代的专用清洗剂。

2. 常见清洗剂系列用品简介

清洗剂有多功能清洗剂、去油剂和溶剂等类型，其功能见表2-2。

常见清洗剂功能　　　　　　　　　　　　　　表2-2

类别	名　称	图　片	功　能
1	二合一清洗剂		清洁、护理合二为一，既有清洗功能，又有上蜡功能，可以满足快速清洗兼打蜡的要求。如上光洗车液，主要由表面活性剂配制而成，上蜡成分是一种具有独特配方的水蜡，在清洗作业中，它可以在漆面形成一层蜡膜，增加车身鲜艳程度，有效保护车漆。这种洗车液不易燃，属生物降解型，对环境无污染
2	香波清洗剂		香波清洗剂主要有汽车香波及清洁香波等品种，具有性质温和、不破坏车蜡膜、不腐蚀漆面、液体浓缩、泡沫丰富、使用成本低等产品性能，香波类清洗剂含有表面活性剂，有很强的分解能力，能有效地去除车身表面的尘土和油污
3	脱蜡清洗剂		脱蜡清洗剂含柔和性溶剂，具有较强的溶解功能。它不仅可去除车身油垢，而且能把原有车蜡洗掉，主要用于重新打蜡前的车身清洗
4	水系清洗剂		目前，水系清洗剂在国内外汽车专业美容行业中被广泛采用。这种汽车清洗剂不同于除油脱脂剂，一般由多种表面活性剂配制而成，具有很强的浸润和分散能力，能够有效地去除车身表面的尘埃、油污
5	增光型清洗剂		增光型清洗剂是一种集清洁、增光、保护于一身的超浓缩洗车液，使用时能够产生丰富的泡沫，具有良好的清洁效果，其独特的增光配方可以在车漆表面形成一层高透明的蜡质保护膜，令漆面光洁亮丽，给人焕然一新的感觉

3. 车蜡的分类

目前,市场上车蜡种类繁多,有固体和液体之分,根据不同的成分有不同的使用性能和效果,且价格差异也比较大。在选用车蜡时,必须要慎重,选择不当不仅不能保护车体,反而使车漆变色。一般情况下,应根据车蜡的作用特点、车辆的新旧程度、车漆颜色及行驶环境等因素综合考虑。对于高级轿车,可选用高档车蜡,新车最好用彩涂上光蜡以保护车体的光泽和颜色,夏天宜用防紫外线车蜡,行驶环境较差时则用保护作用突出的树脂蜡比较合适,而对普通车辆,用普通的珍珠色或金属漆系列车蜡即可。当然,选用车蜡时还必须考虑与车漆颜色相适应,一般深色车漆选用黑色、红色、绿色系列的车蜡,浅色车漆选用银色、白色、珍珠色系列车蜡。汽车各种车蜡特性及使用方法见表2-3。

车蜡特性及使用方法　　　　　　　　　　表2-3

序号	名称	图片	特性	使用方法
1	去污蜡		有去污、除锈、防垢、保持光亮的功能,恢复漆面色泽	在不洁净的漆面涂抹,切勿在车身温热时使用
2	增光蜡		光亮持久、品质稳定,可在漆面形保护膜,漆面不粘灰尘。蜡内含色彩鲜艳剂。如漆面粘着污渍,先用去污蜡除垢后,再涂抹增光蜡	涂抹车身表面,切勿在车身温热时使用
3	保护蜡		以蜡为基础,除去油污、柏油、防止生锈,可产生稳定的防水的保护膜。注意,该保护蜡为易燃物	使用前摇动罐子,均匀喷涂即可。保护蜡适用于汽车的表面及槽沟。注意不可使用在以桐油为基础的油漆面上
4	底盘蜡		适用于底盘漆,可长久防止底盘腐蚀及碎石的碰击,有隔声防锈的效果	清洗底盘后,使压缩空气喷涂在底盘防锈位置。注意切勿喷涂在排气装置、制动器发热装置上

续上表

序号	名称	图片	特性	使用方法
5	增光镜面蜡		是一种高性能的护理型天然蜡,含有巴西棕榈和聚碳酸酯,对漆面渗透力极强,光泽如镜,保持长久,能有效护理汽车漆面	涂抹于车身漆面,适用新车及旧车抛光翻新后的漆面护理
6	抗静电蜡		一种喷雾型上光护理蜡,能防止漆面静电的产生,最大限度减少静电对灰尘、油污的吸附	涂抹于车身漆面,适用于汽车漆面、皮革、塑料和铬质表面的护理
7	彩色蜡		产品分为红、蓝、绿、灰、黑等颜色,即打即抛,省时省力。不同颜色的车使用相应颜色的蜡,可掩盖轻微细小划痕	涂抹车身表面,适用于各种汽车漆面

任务实施

一、实训资源

(1)实训场地:汽车清洗实训场1个。
(2)实训车辆:轿车1辆。
(3)工具耗材与设备:冷水高压清洗机1台,空气压缩机1台,抛光机1台,打蜡机1台,干净棉布、海绵若干,软毛刷1只,各种清洁剂、护理剂、抛光剂、车蜡等若干;轮胎清洁专用刷(板刷)、大8字多孔海绵、气枪、小8字海绵(轮胎上光)、储物箱。

二、安全注意事项

(1)操作人员应穿着工作服和工作鞋,必要时佩戴的护目镜、耳塞和口罩。
(2)电动设备使用严格按照额定电压、频率提供电源。
(3)清洁剂、脱脂除油剂等均含有一定化学成分,在喷洒喷涂时,谨防吸入及喷在皮肤上。

三、操作过程

1.轮胎表面清洁
轮胎表面清洁操作方法及说明见表2-4。

轮胎表面清洁操作方法及说明 表2-4

步　骤	操作方法及说明	质量标准及记录
1.清洗轮胎	(1)高压水冲洗轮胎。采用高压水冲洗法，洗去轮胎上的淤泥、污物等；同时，边冲洗边用轮胎清洁专用刷子刷，可除去深嵌在轮胎花纹中的淤泥、沙石等； (2)用柏油沥青清洗剂清洗轮胎。将清洗剂喷涂在轮胎表面上，等待20s，用软刷子对轮胎进行刷洗，并用清水将污物冲洗干净，这样可洗去轮胎表面上的焦油、蜡膜、油脂和硅化物等； (3)再清洗。将万能清洁剂喷涂在轮胎表面上，用软刷子进行刷洗并用清水冲去污物，从而达到彻底清洗、除去污物的目的； (4)干燥。将清洗后的轮胎擦干或自然风干，也可用压缩空气吹干； (5)将轮胎光亮保护剂均匀地喷涂在轮胎表面上，自然风干，可延缓轮胎的进一步龟裂和老化。同时，可使轮胎表面快速生成一层乌黑闪亮的保护膜且能防水，不易被水洗掉	□清洗轮胎舱，注意不要刮伤手 □清洗轮胎时的泡沫呈白色则说明清洗干净 □在清洗过程中请勿将手放置在车漆表面 □轮毂上光一定要等轮毂清洗完成后再施工，否则会影响效果
2.轮毂清洗	(1)用高压水枪冲洗车轮，冲掉大的泥沙颗粒； (2)用海绵蘸清洁剂擦拭轮辋，去除黏附的灰尘、油污，然后用清水将污物冲洗干净； (3)喷上轮辋清洁剂，溶解结焦物； (4)等待5min，待溶剂软化结焦物后，用海绵或粗布擦掉。轮辋和辐条间的缝隙不要遗漏；不可以用硬毛刷子刷，以免损坏轮辋漆面； (5)用清水冲洗后复查，如结焦严重，可多次重复清洁。建议每个星期洗刷一次轮辋	□在清洗过程中请勿将手放置在车漆表面 □清洗过程中有铁粉去除不掉的情况，属正常现象 □在工具使用后将污渍冲掉，避免干燥之后留下印迹 □使用前应充分摇晃容器；距离轮胎外侧5~15cm，均匀喷射 轮毂清洗

2. 漆面手工打蜡

漆面手工打蜡操作方法及说明见表2-5。

漆面手工打蜡操作方法及说明　　　　　　　　　　　　表 2-5

步　骤	操作方法及说明	质量标准及记录
1. 洗车	(1) 冲洗汽车外部,按①-⑲顺序冲洗,冲走灰尘、砂石等表层污渍,并湿润车身; ①车顶　②前风窗玻璃、刮水器槽　③发动机舱盖　④左前翼子板　⑤左前门　⑥左后门　⑦后风窗玻璃　⑧行李舱盖　⑨左后翼子板　⑩行李舱侧面及后保险杠、后保险杠底边　⑪左后轮毂舱轮胎轮毂、左侧底边　⑫左前轮毂舱轮胎轮毂　⑬前保险杠、前保险杠底边　⑭右前翼子板　⑮右前门　⑯右后门　⑰右后翼子板　⑱右后轮毂舱轮胎轮毂、右侧底边　⑲右前轮毂舱轮胎轮毂 (2) 喷洒泡沫蜡水洗车液,等待 3~5min; (3) 擦洗车辆外部; (4) 二次冲洗汽车外部	□水枪与车身呈45°角,距离大于15cm □确认车身下部及底部泥沙和污垢必须冲洗干净,否则下道工序擦洗会划伤漆面 □蜡水与污渍充分溶解 □羊毛布擦洗 □冲洗顺序与第一次顺序相同
2. 去柏油、虫尸、树脂等	(1) 车身清洗干净,目测柏油颗粒位置,注意深色车不易发现,需仔细检查; (2) 在干净毛巾上沾上柴油或煤油,并轻轻涂抹在柏油处。也可将柴油或煤油装在喷涂容器内喷洒在柏油处; (3) 等待车身上的柏油溶解; (4) 擦拭溶解后的柏油,如果仍未能完全溶解,可再多加些柴油或煤油使其溶解; (5) 擦拭干净后,立即用清水清洗该处并擦拭干净	□柏油颗粒和顽固污渍位置有:_____ □柏油清洁剂在油漆表面不要停留太久 □全车漆面无柏油、虫尸、树脂痕迹
3. 涂抹车蜡	(1) 用打蜡海绵沾适量车蜡,以画小圆圈旋转的方式均匀涂蜡;圆圈的大小以圆圈内无遗漏漆面为准,每圈盖前一圈1/3,圆圈轨迹沿车身前后直线方向;	□打蜡车辆停放在阴凉、干净、通风地方 □车体表面已降温处理 □用涂蜡海绵在车身上打圈均匀涂抹 □用蜡要适量,力度要均匀

续上表

步　骤	操作方法及说明	质量标准及记录
3.涂抹车蜡	（2）全车打蜡顺序，把漆面分成几部分，按发动机舱盖→右前翼子板→右前车门→右后车门→右后翼子板→后行李舱盖的顺序研磨右半车身，按相反顺序研磨左半车身。直到所有漆面无遗漏地打蜡； （3）在全部漆面上均匀涂一薄层车蜡，以漆面明显覆盖一层车蜡为准，喷漆的前后塑料保险杠也要涂蜡 提示： 1.在上蜡作业中，为防止烤漆面被刮伤，禁止佩戴手表、戒指之类饰品； 2.打蜡时，若海绵上出现与车漆相同的颜色，可能是漆面已经破损，应立即停止，进行修补处理； 3.冬天容易产生静电，静电会引来灰尘，造成划伤，可用防止静电的喷剂喷在擦车专用的棉布上，从而有效防止静电的产生	□避免涂抹到橡胶、塑料件和玻璃 □涂抹均匀，没有遗漏
4.擦蜡和提光	（1）上蜡后5~10min蜡表面开始发白，用手背抹一下，手背上有粉末，抹过的漆面有光亮，说明蜡已经干燥。用柔软干燥毛巾抛蜡，直到整个车表没有残蜡； （2）蜡后彻底清洁玻璃、保险杠、饰条、轮胎、钢圈等，顺序与涂抹蜡一样。用纯棉毛巾把蜡擦掉并用合成鹿皮摩擦漆面，直到漆面的倒影清晰可见为佳	□必须等待车身上的蜡干后，即发白的时候，或用手去感觉（感觉到漆面光滑即可） □使用的时候要折叠成方块状，五指并拢，压在毛巾上擦 □没有迹印和蜡印，没有遗漏，倒影清晰可见，漆面色泽亮丽，有新车的感觉 □使用干的软质擦蜡毛巾，擦蜡毛巾为纯棉料，要求力度适中
5.清理缝隙	顺序与涂抹蜡一样，将残留在汽车表面缝隙里的车蜡清理干净，让车保持彻底的干净	□牙刷清洁时用力不宜过大 □缝隙里无污垢
6.检车交车	（1）全车漆面干净整洁、手感光滑； （2）车蜡均匀，车表没有残蜡或打花； （3）亮度和颜色均匀漆面有镜面效果，在漆面上可清晰反映报纸倒影	□漆面光滑 □漆面光亮 □全车漆面光滑度一致，无残余蜡
7.现场清理	（1）工具、材料要注意归位，清理垃圾； （2）清洗脏的海绵球、牙刷； （3）清洗擦蜡和提光的毛巾、合成鹿皮	□干净、整齐

任务评价

汽车外部美容养护考核评分记录见表2-6。

汽车外部美容养护考核评分记录表　　　　　　　　　　　　　　　表 2-6

类别	序号	项目	内容及要求	配分	评分标准 (各项配分扣完为止)	得分
专业知识 (20分)	1	车身污垢的种类和形成原因	会辨别车身污垢的种类	5	能回答问题,但回答不完整,按比例扣分;不能回答,扣5分	
			正确叙述车身污垢形成原因	5	能回答问题,但回答不完整,按比例扣分;不能回答,扣5分	
	2	车蜡的分类、手工打蜡的操作流程和注意事项	正确描述手工打蜡的操作流程	5	能回答问题,但回答不完整,按比例扣分;不能回答,扣5分	
			掌握打蜡工具设备的操作规范、维护及安全事项	5	能回答问题,但回答不完整,按比例扣分;不能回答,扣5分	
操作技能 (80分)	1	准备工作	劳保用品穿戴规范	5	检查是否佩戴手表、饰品等,缺一件,扣1分	
			工作服穿戴规范	5	规范穿戴不扣分;不规范或者未穿戴,扣2分	
	2	工具设备	准备工作齐全	5	准备不充分,每漏一项,扣1分	
	3	外观检查	检查内外车况	5	玻璃、漆面、胶条及内饰部件等漏检一项,扣2分,未记录车况,扣3分	
		清洗轮胎	人工清洗轮胎和轮毂	10	轮胎未用清洁剂,扣2分;未正确使用轮毂清洁剂,扣5分	
		清洗整车	人工清洗整车	5	外侧未清洗或者清洗不干净,扣2分;内侧未清洗或者清洗不干净,扣3分	
	4	去柏油、虫尸、树脂等	正确使用柏油清洁剂	10	擦拭干净后,未用清水清洗该处并擦拭干净,扣5分	
			确保清除时间		柏油清洁剂在油漆表面停留太久,扣5分	
	5	涂抹车蜡	打蜡顺序正确,涂抹方法正确	10	涂抹到橡胶件、塑料件上、玻璃上,扣3分;未涂抹均匀,有遗漏,扣5分	
	6	擦蜡和提光	均匀涂抹车蜡,用毛巾正确擦拭	10	有迹印和蜡印一处,扣2分	

续上表

类别	序号	项目	内容及要求	配分	评分标准 (各项配分扣完为止)	得分
操作 技能 (80分)	7	清理缝隙	残留在汽车表面缝隙里的车蜡清理干净	5	使用牙刷时候用力太大造成破坏,扣5分	
	8	检车交车	检车标准:全车漆面干净整洁、手感光滑;亮度和颜色均匀漆面有镜面效果	5	车表有残蜡或打花,扣3分;车蜡不均匀一处,扣2分	
	9	清理现场(5S管理)	清理、擦洗并回收工具和设备	5	未复位,每项扣2分	
		分数总计		100	最终得分	

考核员签字:＿＿＿＿＿＿＿＿＿＿　　　　　　　　日期:＿＿＿年＿＿月＿＿日

任务2　汽车内部美容养护(五级)

▶建议学时:4学时

一、知识要求

1.了解汽车内饰养护材料的种类特性、使用方法、操作流程及注意事项。
2.掌握皮革及维护的基本知识。
3.掌握车内异味的形成与分类及去除、杀菌的方法及注意事项。

二、技能要求

1.能对仪表台、内饰件进行养护。
2.能对真皮座椅进行养护。
3.能对车内进行杀菌除味。

一、汽车内部美容养护基础知识

1.车内污染物质

汽车驾乘舱内环境的好坏直接影响司乘人员的情绪、健康和舒适性。车内平时受外界油气、烟尘、体味、甲醛、苯及空调循环等不良因素的影响,加上饰品长期使用后留下的污垢,致使车内环境受到污染,容易滋生细菌、病毒,甚至产生难闻异味,使丝绒发霉、真皮老化,影响用户的身心健康,如图2-1所示。

图 2-1　车内危害健康的四大污染源

车内的饰品大多由塑料、橡胶、皮革和纤维等材料制成,在使用过程中会产生一系列的变化。例如,塑料用品会因为氧化龟裂而失去光泽,皮革制品会出现老化、磨损、褪色,纤维织物会出现氧化褪色和污染等,影响汽车美观和乘坐的舒适性。因此,每隔一段时间要对汽车室内做除尘、清洗、上光护理和杀菌消毒。汽车内部清洁护理常见有驾乘舱内除尘、内饰清洁与护理、驾乘舱净化等。

2. 车内清洗方法

根据车内物品材质和使用状况,清洗护理有不同的选择,常见方式见表2-7。

车 内 清 洗 方 法　　　　　表2-7

序号	清洗方式	说　明
1	机器清洗	使用蒸汽清洗机,配合多功能强力清洗剂的清洗。蒸汽清洗机可以清除车内部件上很难清洗的污渍,利用高温蒸汽软化污渍,可用于丝线、化纤、塑料、皮革等不同材料的清洗
2	手工清洗	使用含不同去污配方的高效清洗剂,迅速去除内饰表面的各种污渍和尘垢
3	不同材料的清洗	(1)塑料制品的清洗,专用清洁剂喷洒塑料件表面,用软刷洗刷表面,用半湿毛巾擦净; (2)皮革制品的清洗,皮革座椅用清洁剂配合抹布清洁后,使用皮革亮光剂护理; (3)橡胶制品的清洗,半湿毛巾上喷洒专用清洗剂擦洗,再用干净的半湿毛巾擦净表面的清洗剂; (4)化纤制品的清洗,座椅面套、篷壁内衬如是化纤制品,采用化纤专用清洗剂喷洒待污渍充分溶解后,用毛巾擦拭

3. 车身内饰消毒方式

车身内饰的消毒有多种方式,见表2-8。

消毒方式   表2-8

序号	消毒方式	图片	功能、特点
1	竹炭消毒		(1) 竹炭具有特殊的空隙结构,具有很大的比表面积和超强的吸附能力; (2) 竹炭每克比表面积高达 500~700m^2,具有极强的吸附能力,对苯、甲醛、丙酮、氨、一氧化碳、二氧化碳有吸附分解作用,属纯天然绿色环保产品,专用于除臭、杀菌、防霉、吸潮、防虫、防蛀、净化空气
2	臭氧消毒		(1) 臭氧是一种具有广泛性的、高效的快速杀菌剂,它可以杀灭多种病菌、病毒及微生物。能在较短的时间内破坏细菌、病毒和其他微生物的结构,使之失去生存能力; (2) 由于利用臭氧消毒杀菌一般不残存有害物质,臭氧杀菌消毒后很快就分解成氧气,对人体有益无害,不会对车内造成二次污染
3	离子杀毒		离子发生器能释放离子达到车内空气清新的目的,其只是一种空气清新和净化方式,使用简单,但净化过程缓慢,消毒不彻底
4	蒸汽消毒		蒸汽清洗机可在短时间内产生150℃和3.2bar的高温蒸汽,将蒸汽喷射于需要清洁的内饰表面上,可以清除顽固污渍、油渍,完全消除细菌、螨虫、微生物及病原体,特别是对带有异味的污垢有很强的清洗作用
5	光触媒		(1) 利用二氧化钛这种光的催化剂,见光产生正、负电子,对于汽车车厢内常见的甲醛、氨、苯等有机化合物具有分解作用,同时还可以清除车厢内的浮游细菌; (2) 效果持久,可以保持功效2~3年,费用低廉。但是防爆膜会阻隔紫外线,因此要考虑二者间的冲突
6	化学消毒		主要是用一些消毒剂对汽车进行喷洒和擦拭,通过化学反应的方式达到除去病菌的目的,这种杀毒方式彻底迅速,施工简单易行,但对汽车部件也有一定程度的损害

二、汽车内部美容养护工具、设备和材料

汽车内饰清洗剂不仅有清洗美容功效，还有防尘、防水、杀菌、除臭等作用。此外，专用的皮革、塑料上光翻新保护剂，能使皮革、塑料等物件恢复原有色彩和光泽，并可在表面形成一层保护膜，防止老化。车内经过清洗后，再使用各类专用的保护剂对相关物件进行护理，便可使车内焕然一新。常见的汽车内部清洁用品见表2-9。

常见的汽车内部清洁用品　　　　　　　　　　　表2-9

类别	名　称	图　片	功能与使用方法
1	除臭消毒液		（1）消毒液以次氯酸钠为主要有效成分，有效氯含量为1.1%～1.3%，适用于一般物体表面、白色衣物、污染物品的消毒； （2）使用方法：按照1∶24的比例与水混合；消毒方法：擦拭、喷洒、拖洗消毒后用清水洗净；消毒时间：30min
2	汽车内饰清洁剂		（1）内饰清洁剂能有效去除各种轻度污垢和油脂，具有污染物屏蔽功效，可有效防止被清洗纤维短期内再度遭受污染。呈中性，不含强酸碱类物质，不会伤及各种材质，对人体健康无害； （2）使用方法：直接喷洒在被清洁的材质上，稍等片刻，用干净软布擦干净即可，无须用水冲洗。对于顽固污垢，可以借助刷子洗刷
3	真皮清洁剂		（1）真皮清洁剂富含天然动植物滋补营养成分，具有渗透和滋润作用，可使皮具保持柔软的质感和自然的皮质色泽，对真皮有深层、持久的保护作用；其内有效成分可阻挡紫外线辐射，抗静电、防水，且能有效防止皮革老化、龟裂和失色。内含杀菌防委活性成分、疏水剂，可以防止真皮受潮、霉变； （2）使用方法：用清洁剂喷一遍，等待1min，用软毛刷子在污垢较重的地方以打圈的方式轻轻刷一遍，再用干毛巾擦干净，最后用块半湿毛巾将清洁剂擦干净
4	仪表盘护理剂		（1）仪表盘护理剂能对仪表盘进行有效清洁、美容，阻止紫外线的侵蚀，抗静电，防止板材失色、龟裂和老化； （2）使用方法：均匀摇晃，直立喷射到被清洗物的表面，稍等片刻，用干净的软布轻轻抛光即可使仪表盘洁净和光亮

续上表

类别	名 称	图 片	功能与使用方法
5	汽车空调清洗剂		(1)汽车空调清洗剂能快速除去汽车空调中的粉尘、污垢、霉味、臭味、传染病菌等,洗后空调节能、空气清新、免水冲清洗,操作方便; (2)使用方法:卸下汽车空调进风口过滤网,用抹布抹去大量尘土,开启空调于工作状态,对准进风口四周,按下喷嘴数次即可

任务实施

一、实训资源

(1)实训场地:汽车清洗实训场1个。
(2)实训车辆:轿车1辆。
(3)工具耗材与设备:吸尘器1台,空气压缩机1台,蒸汽清洗机1台,干净棉布、海绵若干,各种汽车内饰清洁剂、护理剂、车蜡等若干。

二、安全注意事项

(1)操作人员应穿着工作服和工作鞋,必要时佩戴的护目镜、耳塞和口罩。
(2)电动设备使用严格按照额定电压、频率提供电源。
(3)清洁剂、脱脂除油剂等均含有一定化学成分,在喷洒喷涂时,谨防吸入及喷在皮肤上。

三、操作过程

汽车驾乘舱内清洁护理工作操作方法及说明见表2-10。

汽车驾乘舱内清洁护理操作方法及说明　　　　表2-10

步 骤	操作方法及说明	质量标准及记录
1. 汽车驾乘舱内除尘	(1)启动吸尘器,选用专用吸嘴; (2)用吸尘器吸汽车顶棚灰尘及压条缝隙处脏物; (3)用吸尘器吸汽车仪表板、空调出风口、杂物箱、烟灰缸和玻璃与仪表板的连接处等位置;	□正确选用吸嘴启动吸尘器 □吸尘遵循由上至下顺序作业 □完成驾乘舱内各部位吸尘

续上表

步　骤	操作方法及说明	质量标准及记录
1.汽车驾乘舱内除尘	(4)用吸尘器吸汽车座椅表面及缝隙内； (5)用吸尘器吸汽车门置物槽、开关槽及门缝隙的脏物和车窗玻璃的缝隙脏物； (6)用吸尘器吸汽车地毯处脏物及踏板缝隙脏物	
2.仪表板、塑料板等内饰件清洁护理	(1)向仪表板和内饰板喷洒一层专用清洗剂； (2)用干净海绵擦洗,将板面深层的污物清除干净； (3)用干净毛巾擦拭干净； (4)在板面涂一层表板蜡,起到上光保护作用,然后用无纺布擦拭干净	□根据饰件材料选用对应清洁剂和保护剂 □在清洗操作时,不损伤仪表 □完成上光保护
	注意：内饰清洁时,采用中性(pH值为7~8)清洗液,切勿使用成本低的碱性清洁剂,虽然去污、增白效果明显,但碱性过强会导致内饰出现板结、龟裂现象	
3.清洗汽车空调	(1)检查外部空气进气道； (2)免拆清洗前,取出空调滤芯,同时打开车门、车窗； (3)起动发动机,开启空调,空调设置为温度最低、风量最大、外循环模式式、正面出风；	□外部进气道无枯枝树叶等污渍阻塞 □正确拆卸空调滤芯 □按要求运行空调

续上表

步骤	操作方法及说明	质量标准及记录
3. 清洗汽车空调	(4)将空调清洗剂的细管插入空调风道,喷入适量空调清洗剂。同时关闭空调出风口,避免清洗剂在操作过程中流出; (5)充分注入空调清洗剂,等待鼓风机风扇运行10~15min后,关闭空调,发动机熄火; (6)10min后,空调系统内的污物会随着清洗剂从空调排水口流出; (7)清洁空调滤芯,安装并复位	□正确使用空调清洗剂 □规范注入空调清洗剂 □完成空调清洗
	提示: (1)空调清洗剂使用时,为防止泡沫外溢,请在周边开关按钮和电器设备上做好防护措施,例如安装防护薄膜; (2)多年没清洗过蒸发器的车,可能有部分堵塞,需加大清洗剂用量,可多次反复清洗	
4. 座椅的清洁护理	(1)化纤织物座椅的清洁护理: ①将丝绒清洗剂装入抽喷式两用清洗机中,用小扒头清洗座椅表面,小扒头边扒坐垫边吸; ②一边用小扒头扒坐垫,一边用纯棉质毛巾擦洗; ③清洁座椅靠背; ④将线毛上的污物、油脂吸入清洗机中。 (2)皮革座椅的清洁护理: ①新车座椅护理。先给新车的真皮座椅涂一层上光保养剂,增加一层保护层; ②旧车座椅定期保养。用专业皮革清洗膏擦拭一次,进行保养和去污。清洁完后,用软布轻轻擦干或自然风干。然后打上光保护剂,增亮增艳,同时防止真皮褪色、老化	□使用专用的化纤织物清洗剂配合机器清洁 □绒毛较脏时,反复清洗 □选用专用的皮革清洗剂进行清洁 □正确选用皮革清洗剂和护理剂 □完成座椅清洁与护理
	提示:皮革首选水性保护剂,水性保护剂为中性,具有柔软皮革、使其恢复弹性和光泽的作用,并有防水、防污的功效。不建议使用乳化型和油性保护剂,虽然带有清洁功能,但对皮革上的树脂和颜料具有一定破坏性	

续上表

步骤	操作方法及说明	质量标准及记录
5. 车内顶棚的清洁护理	(1) 一般清洁,用吸尘器的尖吸管配合刷子,自上而下、由前到后进行大面积的吸尘处理,吸去存积的灰尘; (2) 局部清洁,在待清洁处喷上专用顶棚清洁剂,然后用软毛刷子刷洗,再用干毛巾擦干。操作时自上而下、由前到后进行,要特别注意边角处; (3) 顶棚护理,待车顶棚干燥后喷上顶棚护理剂,以防止灰尘及水分渗入及附着,更好地保护顶棚 提示:若顶棚过于脏污,先喷洒清洗剂待溶解污渍后,使用抽洗机清洗,抽洗机可以使用大量的循环水将污物和清洁剂冲洗出来,同时将内部的水汽抽干,以免顶棚受潮造成腐蚀、脱落	□ 完成吸尘器清洁 □ 完成顶棚污渍刷洗和清洁 □ 完成顶棚护理
6. 清洁地毯、转向盘、安全带、排挡杆和手刹杆	(1) 清洁地毯,车内放置的活动脚垫,可用带毛刷头的吸尘器进行吸尘处理;对于特别脏的地毯,先进行除尘工作,然后喷洒适量的洗涤剂,用刷子刷洗干净,最后用干净的抹布将多余的洗涤剂擦净即可; (2) 清洁转向盘,通常大多数转向盘是氨基甲酸乙酯材料的,清洁时用清水直接擦拭即可; (3) 清洁排挡杆,大部分排挡杆操纵手柄是用树脂或皮革制作的,用干净或喷上中性清洁剂的毛巾擦拭即可去掉脏污。清洁手刹杆:驻车制动杆的清洁方法同排挡杆,注意底部有许多灰尘,应擦拭干净;	□ 地毯干净清洁 □ 转向盘干净清洁 □ 排挡杆干净清洁

续上表

步　骤	操作方法及说明	质量标准及记录
6.清洁地毯、转向盘、安全带、排挡杆和手刹杆	（4）清洁安全带，清洗时不必拆下安全带，应先用淡肥皂水擦洗，然后用清水洗净。洗净后不要立即卷带，应在阴凉处晾干 注意：清洗车内电器类开关和按钮时避免用水，以免造成短路损坏，清洁擦拭应多加小心	□安全带干净清洁 □安全带切勿放在阳光下暴晒
7.汽车驾乘舱内消毒	（1）高温蒸汽消毒： ①蒸汽机通电预热10min； ②选择合适内室结构的蒸汽喷头，并用半湿毛巾包裹，选择合适温度，然后将蒸汽喷嘴对准需要消毒部位，按动蒸汽扳机即可进行消毒。	□工作指示灯亮，预热完成 □完成蒸汽机喷头连接 完成车内消毒 □顶棚 □风窗玻璃 □仪表台和空调出风口 □车门内饰 □座椅 □地毯 □车厢

续上表

步　骤	操作方法及说明	质量标准及记录
7.汽车驾乘舱内消毒	(2)臭氧消毒： ①将消毒机放置在汽车旁边，接上导气管并将导气管的另一头放在中部，关好车门(在玻璃升降器缝隙处放上一块大毛巾，防止臭氧泄漏)； ②接通电源并打开电源开关，根据车型及车厢空间的大小设置时间开始消毒； ③达到设定的消毒时间后(15~30min)，消毒机自动停止工作； ④打开车门通风3~5min，消毒过程完成	□正确连接设备 □设定消毒时间　　分钟 □完成消毒 □完成消毒后通风
	提示：臭氧消毒后，不要立即开车，要打开所有车门和天窗几分钟，让车内没有反应完的臭氧充分反应后才可进入车内。因为臭氧容易使人产生头疼等症状	
8.检查验收	施工技师仔细检查，确保施工效果	□重点检查容易遗漏的部位 □玻璃光亮度 □内饰部件无灰尘 □室内无异味 □坐垫及脚垫摆放整齐有序 □车上物品是否全部放回

任务评价

汽车内部美容养护考核评分记录见表2-11。

汽车内部美容养护考核评分记录表

表 2-11

类别	序号	项目	内容及要求	配分	评分标准（各项配分扣完为止）	得分
专业知识（20分）	1	汽车内饰养护材料	正确叙述汽车内饰养护材料的注意事项	5	能回答问题，但回答不完整，按比例扣分；不能回答，扣5分	
			正确叙述汽车内饰养护材料的种类特性	5	能回答问题，但回答不完整，按比例扣分；不能回答，扣5分	
	2	皮革及维护的基本知识	正确描述真皮座椅清洁后的保养	5	能回答问题，但回答不完整，按比例扣分；不能回答，扣5分	
			掌握真皮座椅修复技术	5	能回答问题，但回答不完整，按比例扣分；不能回答，扣5分	
操作技能（80分）	1	准备工作	劳保用品穿戴规范	5	检查是否佩戴手表、饰品等，一件扣1分	
			工作服穿戴规范	5	规范穿戴，不扣分，不规范或者未穿戴，扣2分	
	2	工具设备	工具准备齐全	5	准备不充分，每漏一项，扣1分	
	3	内饰检查	检查内外车况	5	玻璃、漆面、胶条及内饰部件等漏检一项，扣2分，未记录车况，扣3分	
		汽车室内除尘	吸尘任务完成后，可根据不同部位、内饰材料以及所沾染的污垢情况选用不同的清洁剂、保护剂及相应的辅助工具进行清洁护理操作	10	未清洁干净一处，扣2分	
		清洁仪表盘塑料板等内饰件	杂物、污垢无残留	5	未清洁或者清洗不干净一处，扣2分	
	4	清洗汽车空调	做好电气设备隔离措施，防止泡沫外溢	10	擦拭干净后，未用清水清洗该处并擦拭干净，扣5分	
			清洗时，应打开车门或车窗保持车内空气流通一段时间		柏油清洁剂在油漆表面停留太久，扣5分	
	5	车内顶棚的清洁护理	在待清洁处喷上专用顶棚清洁剂，然后用软毛刷子刷洗，再用干毛巾擦干	10	操作时自上而下、由前到后进行，要特别注意边角处，未做到一处，扣2分	

续上表

类别	序号	项目	内容及要求	配分	评分标准 (各项配分扣完为止)	得分
操作技能 (80分)	6	清洁地毯、转向盘、安全带、排挡杆和驻车制动杆	杂物、污垢无残留	10	未清洁干净一处,扣2分	
	7	汽车室内消毒	使用的消毒方法正确	5	消毒不彻底,扣5分	
	8	检车交车	重点检查容易遗漏的部位;玻璃光亮如何;内饰部件无灰尘;室内无异味;坐垫及脚垫摆放整齐有序;车上物品是否全部放回	5	未做一项,扣1分	
	9	清理现场(5S管理)	清理、擦洗并回收工具和设备	5	少收一件工具、设备,扣1分	
分数总计				100	最终得分	

考核员签字:_____　　　　　　　　　　　　　日期:_____年___月___日

项目三　汽车饰品选配和安装

项目描述

轿车、客车的车厢内部是司乘人员在汽车运行中的生活空间。汽车内部装饰是对车内顶棚、地板、控制台等外表面，通过加装、更换面料及放置饰品等方法改变其外观，以营造温馨、舒适的车内环境，同时满足人们审美和个性化的需求。

本项目通过对汽车饰品选配和安装的流程和方法进行讲解，从而让读者掌握汽车饰品选配和安装的专业知识和操作要点。

任务　汽车饰品选配和安装(五级)

▶ 建议学时:4学时

一、知识要求

1.掌握汽车除菌类用品的分类与产品特征。
2.掌握汽车饰品种类、产品特征及安装和安全注意事项。
3.掌握汽车座套的分类、产品特性、安装步骤与要求。
4.掌握儿童安全座椅的分类、使用方法、安装步骤与安全事项。

二、技能要求

1.能选配和安装除菌类用品。
2.能选配和安装汽车饰品。
3.能安装汽车座套。
4.能安装儿童座椅。

一、汽车饰品选配和安装基础知识

1.汽车饰品

汽车饰品通常根据车主审美和喜好进行选择，饰品的安装，可以美化车内环境，提高车主愉悦度。车内饰品种类繁多，按照功能可分为观赏类饰品和实用类饰品两种，见表3-1。

车内饰品种类 表3-1

类别	名称	图示	特点、作用和使用要求
观赏类饰品	贴饰		(1)贴饰按内容的不同可分为商标、图片、广告等; (2)图案和标语等制在贴膜上,然后粘贴在车内的装饰; (3)内饰贴膜,可在原内饰件外表粘贴个人喜好的颜色或材料的贴膜
	饰板、饰条		(1)常见有桃木、碳纤维等材质的饰板、饰条,通常需专车定制; (2)常见替换位置有车门饰板、仪表出风口饰条、电器开关按键饰件等,不同材质和颜色凸显不同的喜好风格; (3)安装时注意,需用到专用塑料撬板,并按维修手册要求拆装
	摆饰		(1)摆饰是将饰品摆放在汽车控制台或座椅上的一种装饰; (2)摆饰分为展示类和布偶类,展示通常为一些具有珍藏性质的物件,例如国旗、模型等,通常摆在中控台上;而布偶类摆饰通常为小孩子准备的多
	挂饰		(1)挂饰是使用绳子或链条悬架在车内顶部的装饰件; (2)需要注意的是,挂饰会一定程度上影响驾驶员视线,因此《中华人民共和国道路交通安全法》规定,不得有"在机动车驾驶室的前后窗范围内悬挂、放置妨碍驾驶人视线的物品"等行为
实用型饰品	钟表、温度指示类		(1)汽车钟表用于显示时间;汽车指南针用于指示方向、显示汽车的水平度;温度计则显示车内温度; (2)通常安装在仪表台上,安装时,注意切勿阻挡驾驶员视线,并要求底座安装牢固
	支架类		(1)水杯架和手机架能稳固放置水杯和手机,不受车身颠簸而掉落; (2)此类支架的底座通常通过卡扣或夹子固定在车内部件上,需合理选择支撑位置
	收纳、保护类		(1)收纳盒(袋)或挂钩可以整理和收纳车内零散物品,方便存放。转向盘套、换挡杆套可根据车主喜好选择不同材质、花纹和颜色的护套,既起到保护作用也满足个性需求; (2)注意安装应不影响行车安全,切勿遮挡驾驶员视线,硬质饰品物件不放在司乘人员头部正前方位置

2. 汽车功能性产品

购买新车后,车主会根据自身需求,购置一些实用的功能性产品,例如座椅套(垫)、脚垫以及儿童安全座椅等物件。这些功能性产品样式、外观和性能差异较大,价格不一,车主可以按需选购。其特性、作用和使用要求见表3-2。

汽车功能性产品　　　　　　　表3-2

序号	名称	图示	特性、作用和使用要求
1	座椅套		(1)汽车座套可以起到美化车内空间,起到保护原车座椅的作用,还能改善乘坐感受; (2)按结构有全包围座套和半包围座套之分,座套材料也有纤维织物和皮革等多种类型; (3)座椅套最适合纤维织物面料材质的座椅; (4)对座椅有安全气囊或座椅通风装置的车辆不建议安装座椅套,很可能影响安全气囊正常工作,危及行车安全
2	座椅垫		(1)安装合适的座椅垫,对改善乘坐感受、增加舒适性有明显效果; (2)座椅垫按功能分有保暖座垫、清凉座垫、保健座垫、按摩座垫等类型; (3)座椅垫安装简单,直接铺设在座椅即可,不影响座椅的安全气囊功能
3	头枕、颈枕和腰垫		汽车头枕、颈枕和腰垫多为记忆棉材质,可以提高驾驶和乘坐舒适性,特别适合长时间行车的司乘人员
4	脚垫		(1)厚实底材的脚垫可以阻隔底盘噪音和轮胎噪声,提高驾驶舒适性; (2)按不同材料可分为化纤、皮革、亚麻、PVC、橡胶等类型,价格差异较大; (3)脚垫有定制车型和通用型,定制根据车型制作,车底部贴合紧密,而通用型需根据地板形状进行二次裁剪,以适合地板的位置
5	儿童安全座椅		(1)儿童安全座椅是专为不同体重、年龄儿童设计,能有效提高儿童乘车安全; (2)儿童座椅需符合《机动车儿童乘员用约束系统》(GB 27887—2001)标准,通过该标准检测的儿童座椅,应带有合格检验标志; (3)座椅等级,按体重等级分:0/0+、1和2/3

续上表

序号	名称	图示	特性、作用和使用要求
5	儿童安全座椅		<table><tr><th>等级</th><th>儿童体重</th></tr><tr><td>0组</td><td>~10kg</td></tr><tr><td>0+组</td><td>~13kg</td></tr><tr><td>1组</td><td>9~18kg</td></tr><tr><td>2组</td><td>15~25kg</td></tr><tr><td>3组</td><td>22~36kg</td></tr></table> (4)ISOFIX固定装置,是标准化固定方式,可以快速将儿童座椅刚性连接到车身,安装快速便捷

二、汽车饰品选配和安装工具、设备和材料

由于车内空间小,空气流通性差,车内部件的各种黏合剂、汽车尾气、烟草烟雾,加上物件长期使用后留下的污垢,致使车内环境受到污染,容易滋生细菌、病毒,甚至产生异味。尤其到了夏天,高温暴晒之后有些车内味道更加严重。因此,车内净化和除菌消毒的产品也逐渐丰富起来。在对车内进行常规的清洁后,对车辆进行空气清新或安装车载空气净化器等措施可以有效去除异味,达到杀菌和消毒的效果。常见除菌类用品见表3-3。

除菌类用品   表3-3

序号	名称	图示	作用和使用要求
1	汽车空气清新剂		(1)空气清新剂具有去除异味、杀除细菌,改善车内空气质量的作用,可根据喜好选择不同香味; (2)使用方法:在车内开启清新剂卡扣,清新剂以雾化状态自动喷射,关闭车窗等待喷洒完后,开车门窗通风换气10min即可
2	车载空气净化器		(1)车载空气净化器可实现紫外线抑菌、三层过滤和负离子功能; (2)在通电开启紫外线短波可起到抑菌效果且不伤人;配合负离子发生器,活跃空气中的氧分子,改善空气,同时通过内置滤网达到过滤空气中的漂浮物、过滤微生物,以及通过活性炭滤网吸附甲醛、苯等有害气体,达到空气净化效果; (3)净化产品通常体积较小,放在点烟器附近,直接使用点烟器适配器电源即可工作

任务实施

一、实训资源

(1)实训场地:汽车美容实训场地1个。
(2)实训车辆:汽车美容用实训车1辆。
(3)工具耗材与设备:万用清洁剂、毛巾、座椅套、儿童安全座椅、吸尘器。

二、安全注意事项

(1)操作人员应穿着工作服和工作鞋,必要时佩戴的护目镜和口罩。
(2)清新剂、清洗剂在喷洒时,谨防吸入及喷在皮肤上。

三、操作过程

1. 汽车座椅套安装

汽车座椅套安装操作方法及说明见表3-4。

汽车座椅套安装操作方法及说明　　　　　　　　表3-4

步骤	操作方法及说明	质量标准及记录
1.前排座椅套安装	(1)调整座椅靠背向后倾斜到合适位置; (2)把头枕拆卸下来; (3)安装靠背套,从靠背上方套入; (4)将头枕装回座椅,保持头枕高度处于较高位置,安装头枕套,在底部用魔术贴拉紧粘贴到头枕内部并固定; (5)在靠背套下方两条绳索上安装卡盘,并塞入靠背和座垫之间的缝隙中; (6)安装座垫,将座垫套的松紧带对扣后套入座垫; (7)在座垫套后方的两条绳索上安装卡盘,并塞入靠背和座垫之间的缝隙中;	□座椅靠背调整至便于安装的角度 □头枕套安装到位,固定牢固 □座椅靠背套安装到位,固定牢固 □座椅垫套安装到位,固定牢固

续上表

步　骤	操作方法及说明	质量标准及记录
1. 前排座椅套安装	(8)在座垫套前端绳索上安装挂钩,绷紧绳索将挂钩钩在座椅底部 注意:座椅侧面带安全气囊的车辆,不建议安装座椅套,座套会影响安全气囊正常工作,存在安全隐患	□完成前排座椅套安装
2. 后排座椅套安装	(1)拆卸后排座椅头枕; (2)将后排座椅靠背卡扣松开,往前倾斜; (3)安装靠背套,靠背套套入,将上方魔术贴拉紧,并粘贴在靠背后方; (4)装回头枕,安装头枕套; (5)在靠背底部绳索上安装卡盘,并将卡盘塞入座椅缝隙中; (6)安装座垫套后部的绳索卡盘和前端绳索的挂钩,安装两端的松紧带对扣上; (7)将坐垫套套入座垫和将卡盘塞入座椅缝隙中,并将前部绳索将挂钩钩在座椅底部 提示:安装座套时,注意将后排的安全带和安全带插扣从座套中拉出	□后排座椅靠背套安装到位,固定牢固 □头枕套安装到位,固定牢固 □座椅靠背套安装到位,固定牢固 □完成后排座椅套安装

续上表

步 骤	操作方法及说明	质量标准及记录
3. 完工检查	重新仔细检查一遍所有座椅套安装是否到位,座套边缘魔术贴、卡盘和固定挂钩固定牢固无松脱	□ 安装到位,无松脱

2. 儿童安全座椅安装

儿童安全座椅安装操作方法及说明见表3-5。

儿童安全座椅安装操作方法及说明　　表3-5

步 骤	操作方法及说明	质量标准及记录
1. 用下部固定点(ISOFIX)固定儿童座椅	(1)检查儿童安全座椅合格证书; (2)查看儿童椅下部固定点识别标志; (3)沿着箭头方向,将儿童座椅的固定臂推倒 ISOFIX 固定点上 提示:如儿童座椅的固定臂不能直接连接到车内 ISOFIX 固定点,则可以使用插入辅助装置,以便更容易地安装/拆卸儿童座椅。 注意:安装插入辅助装置避免损坏座椅套和衬垫	□ 儿童座椅符合《机动车儿童乘员用约束系统》(GB 27887—2011) □ 能听到儿童座椅牢固卡止的声音,说明安装到位
2. 用顶部固定带(Top Tether)固定儿童座椅	(1)将汽车座椅的头枕向上移到顶或拆卸下来; (2)向上翻开后窗台板上固定环盖板; (3)将儿童座椅的顶部固定带挂入后窗台板上标有 Top Tether 的固定环上; (4)用力张紧顶部固定带,以使儿童座椅上部紧贴在后排座椅靠背上 提示:只允许使用车内预装的特定固定环连接顶部固定带,否则可能导致重伤	□ 通用型儿童座椅除 ISOFIX 固定点外,还需顶部固定带(Top Tether)附加固定 □ 儿童座椅安装到位,牢固无松动

任务评价

汽车饰品选配和安装考核评分记录见表3-6。

汽车饰品选配和安装考核评分记录表

表3-6

类别	序号	项目	考核内容及要求	配分	评分标准 (各项配分扣完为止)	得分
专业知识 (20分)	1	汽车饰品	正确描述汽车饰品种类	5	能回答问题,但回答不完整,按比例扣分;不能回答,扣5分	
			正确描述汽车饰品的作用	5	能回答问题,但回答不完整,按比例扣分;不能回答,扣5分	
	2	汽车功能性产品	正确描汽车功能性产品种类	5	能回答问题,但回答不完整,按比例扣分;不能回答,扣5分	
			正确描述汽车功能性产品的作用	5	能回答问题,但回答不完整,按比例扣分;不能回答,扣5分	
操作技能 (80分)	1	劳保用品穿戴	劳保用品穿戴齐全	5	穿戴不全,不得分	
	2	正确选用工具、设备、材料	选用工具、设备、材料齐全准确	5	缺一件,扣1分,选错一件,扣1分	
	3	准备	准备工作齐全	5	准备不充分一次,扣2.5分	
	4	安装汽车座套	正确安装汽车座套	20	方法错误,扣5分;未完成,扣5分	
		安装儿童安全座椅	正确安装儿童安全座椅	20	方法错误,扣5分;未完成,扣5分	
	5	正确使用工具、设备、材料	工具、设备使用正确	10	一种工具、设备、材料使用不正确,扣2分	
					损坏、丢失一件工具,不得分	
	6	操作规程	操作规程执行情况	10	违反操作规程,不得分	
	7	清理现场(5S管理)	清理、擦洗并回收工具和设备	5	少收一件工具、设备,扣1分	
		分数总计		100	最终得分	

考核员签字:_____ 日期:_____年___月___日

项目四　汽车内外翻新与养护

项目描述

汽车内外翻新与养护包括汽车漆面养护和汽车内饰件养护。汽车漆面养护通过对车漆的清洁、抛光、打蜡或镀晶,可以消除漆面各类损伤,还原漆面色彩和光泽。汽车内饰件养护能在清除内饰件污渍后,通过养护产品的使用,还原各类内饰件表面光泽,并起到有效保护作用,为驾驶员和乘客提供一个干净、舒适的乘车环境。

本项目通过对汽车漆面养护和汽车内饰件养护所用到的养护工具、设备、使用材料以及养护流程和方法进行讲解,从而让读者掌握汽车内外翻新与养护的专业知识和操作要点。

任务1　汽车漆面养护(四级)

▶ 建议学时:4学时

考核要求

一、知识要求

1. 了解汽车漆面失光原因、能判断汽车漆面翻新可行性。
2. 知道汽车漆面翻新与养护材料的功效。
3. 掌握汽车漆面翻新与养护的工具及使用方法。
4. 掌握抛光设备的使用操作规范、清洁保养及安全检查。
5. 掌握汽车漆面翻新的操作流程及质量评价方法。
6. 掌握汽车镀晶的保护原理及工艺流程。
7. 掌握底盘保护材料的使用。
8. 掌握底盘装甲的工艺流程。

二、技能要求

1. 能进行漆面色彩还原作业。
2. 能进行漆面镀晶作业。
4. 能进行漆面划痕还原修复作业。
5. 能进行底盘装甲作业。

一、汽车漆面养护基础知识

1. 汽车漆面缺陷

随着汽车使用时间的增长,受环境和使用条件的影响,汽车漆面会逐渐失去原有的光泽,常见的缺陷及原因见表4-1。漆面失光可以通过清洗、抛光、打蜡或镀晶等方式配合养护材料的使用得以恢复,还能在抛光的作用下,清除漆面上的轻微划痕。

汽车漆面常见缺陷及原因　　　　　　表4-1

序号	漆面缺陷	图　片	产生原因	处理方式
1	漆面氧化层		日晒雨淋和紫外线照射,会使车漆成分内含有的金属物质氧化,从而导致漆面呈现乌秃、发白、无光泽现象。另外,下雨下雪、天气潮湿、雾霾天气中的酸性物质等也会腐蚀漆面	铁粉去除剂喷洒静置1min,再用去渍泥揉搓擦拭
2	顽渍污垢		车辆行驶中粘上的昆虫、鸟粪、沥青、飞漆、焦油,甚至是空调水和汽车尾气污染物等污渍,若不及时清理,会与车漆产生化学反应,导致漆面腐蚀,污迹斑斑	柏油清洗剂喷洒静置3min,再用去渍泥揉搓擦拭
3	轻微摩擦剐蹭		汽车在行驶中难免会有沙石、树枝等与漆面产生摩擦,甚至不经意间会与一些硬度较强的物品产生剐蹭从而造成漆面出现细小划痕	抛光研磨后打蜡或镀晶处理
4	漆面保养不当		洗车时,使用碱性较强的洗车材料导致漆面产生氧化物,从而使漆面失去光泽;在给漆面研磨抛光时操作或使用材料不当,会使漆面受损	抛光研磨后打蜡或镀晶处理

汽车漆面失去光泽往往是一个渐进的过程,及时发现并保养是减缓甚至避免漆面失去光泽的重要手段。漆面是否失去光泽和损伤可以通过目视、手触摸或在聚灯光照射辅助下观察判断。

2.汽车漆面翻新养护

汽车漆面失去光泽是汽车使用过程中不可避免的现象,运用适当的方法可判断漆面是否出现失去光泽的现象,通过选用适当的材料和配合必要的施工手段,在施工人员的规范操作之下可以减缓或修复漆面失去光泽的现象。这个过程我们称之为汽车漆面翻新养护。目前,汽车漆面翻新养护主要有漆面打蜡、抛光、镀晶等方案,常用搭配方式见表4-2,不管那种方案,在实施前均需对车身外表进行清洗。

汽车漆面翻新养护方案　　　　　　　　　　　　　　　表4-2

序号	方案	适应损伤类型	价格和效果
1	打蜡	漆面没明显损伤,只有轻度氧化层或细小划痕	价格实惠,只需在车辆洗车、去渍和沥青后即可打蜡施工;手工打蜡操作方便
2	抛光、打蜡	漆面有较深的划痕损伤但未伤及底漆或漆面粗糙失光	价格适中,需使用专用抛光机,根据划痕深度或漆面氧化程度选择不同粗细的抛光研磨剂清除划痕等损伤或去除氧化物。然后,通过打蜡还原漆面光泽;漆面形成的蜡膜对车漆保护时间较短
3	抛光、镀晶	漆面有较深的划痕损伤,但未伤及底漆或漆面粗糙失光	价格较高,需使用专用抛光机,根据划痕深度漆面氧化程度选择不同粗细的抛光研磨剂清除划痕或去除氧化物,然后通过镀晶还原漆面光泽;漆面形成的镀晶膜对车漆保护时间较长

二、汽车漆面养护工具、设备和材料

根据漆面养护项目不同,使用的工具需要搭配合适的养护材料使用。常见养护项目在车身清洁后分为去除顽固污渍、抛光、打蜡或镀晶等,工具与材料搭配见表4-3。值得注意的是,在镀晶材料流行之前,市场上汽车漆面翻新养护的材料还很多,如封釉、镀膜等,这些材料在漆面翻新养护方面也有一定的功效,但镀晶材料效果更为明显。

汽车漆面养护工具和材料　　　　　　　　　　　　　　表4-3

养护项目	名称	图片	性能特点	功能
去除顽固污渍	去渍泥（俗称粘土布）		（1）由超细纤维及固体胶状经过反复密炼而成,具有细、粘的特点; （2）对皮肤和车漆无损伤; （3）用于粘附污渍,能重复多次使用	可任意挤压,包裹式清洁吸附污渍不留痕迹,粘除车体上的自然氧化物、水垢、鸟(虫)粪便、铁粉、酸雨、植物浆液以及不当护理的残留物质
	柏油沥青清洗剂		（1）可溶解柏油沥青等顽固污渍; （2）中性PH值,对车漆无损害,不伤手; （3）使用时尽量避免接触人体	可以自动溶解粘附在漆面上柏油沥青、虫胶、浆液、不干胶等污渍,喷洒后等待1~3min,尽快用水冲洗

续上表

养护项目	名称	图 片	性 能 特 点	功 能
去除顽固污渍	铁粉去除剂		(1)依靠化学反应去除氧化层； (2)均匀喷洒等待3~5min，漆面氧化溶解后氧化层变成红色	铁粉去除剂也叫氧化层清洗剂，能够彻底去除漆面及轮毂上的金属氧化物
抛光	抛光机		(1)抛光机在抛光盘上安装羊毛、海绵的抛光软盘； (2)以单方向旋转运动进行工作，抛光时要掌握好适当的转速，防止漆面过热而损坏漆面； (3)新型的抛光设备还带有同步吸收抛光时的残余粉尘的功能	配合抛光剂使用，可以去除车漆面的中度以下氧化层和中度以下划痕，增强漆面光亮度、光滑度，使漆面恢复应有效果
	抛光研磨剂		(1)成分含有地蜡、硅藻土、氧化铝、矿物油及乳化剂等； (2)颜色大多数为浅灰色、灰色、乳黄色和黄褐色； (3)抛光研磨剂分粗抛、中抛和细抛三种	抛光研磨剂也称为抛光研磨蜡，可有效去除漆面瑕疵、中轻度划痕漆表面磨平处理作业，清除漆面划痕、橘纹、填平细小针孔等
打蜡	打蜡机（一般需配合液体蜡）		(1)打蜡设备有电动型和气动型； (2)打蜡盘直径约240mm； (3)新型打蜡设备还带有同步吸收打蜡时的残余粉尘的功能	主要用于给车漆表面均匀附着上一层车蜡，可起到去除车漆面污渍，增加漆面的光亮度、光滑度，填充漆面细小的划痕，防止紫外线对漆面的损害的作用
	固体车蜡		(1)主要添加成分是蜂蜡和松节油等； (2)其外观多为白色和乳白色； (3)蜡体保护车漆时间较短，在几次洗车后基本失效	(1)去污增滑，能将漆面上的附着物去除。减少漆面凹凸不平的状况，使漆面恢复光滑，隔断或减少空气、灰尘与漆面的摩擦； (2)上光增亮，能给漆面补充油性物质，不同程度改善漆面光亮度，使漆面恢复亮丽； (3)抗高温、防紫外线，产生有效反射，防止入射光线穿透底漆，造成漆面老化失色； (4)车蜡还具有防水、防酸雨、防雾等功效

续上表

养护项目	名称	图　　片	性 能 特 点	功　　能
镀晶	镀晶剂		（1）在汽车漆面镀上一层一层 1～2μm 的保护膜层； （2）产品大部分都是大分子聚合物的化工产品，具有耐磨性强、硬度高、抗氧化抗腐蚀的特点； （3）晶体保护车漆时间较长，可以维持 1 年以上； （4）相对打蜡费用稍高	（1）保持漆面光泽。降低紫外线照射使漆面氧化、颜色变淡、变暗、光泽消失的机会； （2）提高漆面耐腐蚀性和抗氧化； （3）提高漆面硬度达 6～9H，减少细小硬物与漆面摩擦刮蹭损伤
	镀晶海绵块		高密度海绵，回弹快，软硬适中，不伤车漆	专用镀晶海绵使用时可减少反复镀晶频率、涂擦更均匀、更省材料
底盘装甲	底盘装甲防锈漆		一般为橡胶树脂型防锈漆，附着力强，15min 快干成膜，30min 表面干固，24h 整体干固	在汽车除排气管外的底盘部件进行喷涂形成保护层，具有防腐蚀、防锈、隔音降噪、隔热和抗冲击等作用

任务实施

一、实训资源

（1）实训场地：汽车清洗和无尘实训场室各 1 个。
（2）实训车辆：轿车 1 辆。
（3）工具耗材与设备：汽车漆养护材料 1 套，汽车漆养护工具和设备 1 套。

二、安全注意事项

（1）操作人员应穿着工作服和工作鞋，必要时佩戴的护目镜和口罩。
（2）电动设备使用严格按照额定电压、频率提供电源。
（3）清洁剂、脱脂除油剂和底盘装甲防锈漆等均含有一定化学成分，在喷洒喷涂时，谨防吸入及喷在皮肤上。

三、操作过程

1. 漆面打蜡

漆面打蜡操作方法及说明见表 4-4。

漆面打蜡操作方法及说明 表4-4

步　骤	操作方法及说明	质量标准及记录
1.漆面清洗	见《项目一任务1 汽车外表清洗》相关内容	□完成
2.漆面除沥青、氧化层等顽固污渍	（1）环车目视检查车身漆面沥青、氧化层和顽固污渍分布情况； （2）穿着防护服、护目镜、橡胶手套和口罩； （3）使用柏油沥青清洗剂喷洒在柏油沥青等顽固污渍表面； （4）等待3min，待沥青和污渍软化，戴上橡胶手套的手轻轻摩擦至脱落，及时用清水冲洗； （5）对于顽固沥青和污渍，使用去渍泥清洁； （6）使用铁粉去除剂均匀喷洒在漆面氧化层位置； （7）等待3～5min，待溶解氧化层变成紫红色后，用清水冲洗； （8）对顽固颗粒物用去渍泥进行揉搓清除； （9）用羊毛刷配合洗车剂将车漆面与汽车装饰件结合地方的污渍清除	□实训车辆沥青位置：_____ □实训车辆氧化层位置：_____ □实训车辆其他污渍：_____ □做好安全防护 □均匀喷洒 □漆面无沥青和顽固污渍 □完成喷洒 □漆面无氧化层 □漆面与装饰件结合处无污渍
	注意：喷洒柏油沥青清洗剂和铁粉去除剂时，做好个人防护，以免接触皮肤	
3.高压冲洗和抹干车漆面	（1）高压冲洗，按照从前至后，从左至右，从上至下，均匀覆盖的要求将车漆面冲洗干净； （2）使用风枪将车漆面和缝隙吹干； （3）用湿度适中的毛巾将漆面抹干，然后抹干门边、窗边和发动机舱盖、行李舱盖边缘	□完成高压冲洗 □缝隙无残留水渍 □完成毛巾抹干

续上表

步骤	操作方法及说明	质量标准及记录
4. 漆面打蜡	（1）上蜡，按照从侧到后、从上而下、最后给发动机舱盖打蜡的顺序，均匀地给漆面上蜡。过程分块进行，横竖交替地覆盖一块区域，然后再进行下一块。 ①首先在上蜡的海绵圆盘上从圆心开始向外圈以螺旋状涂蜡（液蜡）。若使用固体蜡，直接均匀涂抹在海绵盘上即可； ②上了蜡的海绵盘轻压在漆面上，再打开电源，扶住机器，把握好方向，匀速移动上蜡。 （2）打蜡，按上蜡顺序分区域进行打蜡。横竖交替地覆盖一块区域，然后再进行下一块。另外注意，一般打蜡机上蜡时不需挤压，只要扶住机器，把握好方向，匀速移动。 （3）用打蜡毛巾涂上蜡，给打蜡机没法覆盖到的边角位置打蜡。 （4）打开发动机舱盖和行李舱盖、车门，用打蜡毛巾给上述有漆面的地方打蜡。 （5）抹蜡，使用抹蜡毛巾按照与打蜡相同的顺序将停留在车漆面上的残留蜡抹干净	☐顺序正确 ☐分区，横竖交替完成 ☐完成左侧的前翼子板、车门、后翼子板上蜡 ☐完成行李舱盖、后保险杠上蜡 ☐完成右侧的后翼子板、车门、前翼子板上蜡、前保险杠上蜡 ☐完成车顶上蜡 ☐完成发动机舱盖上蜡 ☐完成左（右）侧的前翼子板、车门、后翼子板打蜡 ☐完成行李舱盖、后保险杠打蜡 ☐完成车顶打蜡 ☐完成发动机舱盖打蜡 漆面打蜡 ☐完成抹蜡

续上表

步　骤	操作方法及说明	质量标准及记录
5.检查打蜡情况	（1）检查打蜡后漆面光滑度。用少量清水淋洒发动机舱盖，观察漆面是否形成水珠而且迅速溜走。也可以用手背靠着漆面感觉漆面光滑程度； （2）检查打蜡后漆面光亮度。将车开到有灯光聚焦的地方看看灯具倒影聚焦集中或发散程度评价打蜡后漆面效果； （3）检查打蜡的全面性程度。主要看门边、装饰件接驳处等位置是否与漆面光亮性光滑度一致。是否存在残余的蜡没有抹干净	□漆面光滑 □漆面光亮 □全车漆面光滑度一致，无残余蜡
	提示： （1）打蜡需要在环境整洁、没有风沙、灰尘极少、通风光线良好，但又要避免太阳光线直射的阴凉环境下施工，建议最好在无尘室内打蜡； （2）打蜡机使用时，上蜡和打蜡一定要先将海绵盘轻压到漆面再开动，否则蜡会飞溅，也容易造成偏心振动使打蜡机损坏； （3）若采用手工打蜡，毛巾或海绵要柔软干净，不能有纤维粒或如沙之类的硬质东西	
6.完工整理	车辆、工具、设备场地整理和复位	□按5S要求整理

2.漆面抛光

漆面抛光操作方法及说明见表4-5。

漆面抛光操作方法及说明　　　　　　　　表4-5

步　骤	操作方法及说明	质量标准及记录
1.漆面清洗及抹干车身	见"项目一任务1汽车外表清洗"相关内容	□完成
2.确定漆面抛光方案	（1）车辆驶入无尘车间； （2）环车目视检查漆面状况； （3）根据漆面损伤情况选择合适抛光方案，确定抛光重点部位、顺序以及抛光蜡的粗细和对应的抛光盘	□完成 □漆面损伤情况有： ———————— □重点抛光部位有： ———————— 选择抛光蜡为： □粗抛□中抛□细抛
3.漆面抛光	（1）车身非漆面部分遮蔽保护。 　采用遮蔽纸、薄膜对挡风玻璃、车灯、车门玻璃和装饰件等进行遮蔽保护，避免抛光时抛光盘接触损坏装饰件和玻璃。	□完成遮蔽，无遗漏缝隙 □选择抛光方案 抛光剂为： ———————— 抛光盘为： ————————

续上表

步骤	操作方法及说明	质量标准及记录
3.漆面抛光	（2）按照抛光方案，用适当的转速对漆面进行抛光。 ①检查抛光盘是否清洁干净； ②布抛光蜡，挤出适量抛光蜡到研磨漆面上，轻转抛光机将蜡均匀布到所需研磨的漆面上； ③调整好抛光机转速（一般为 1500~2000rpm），按"井"字形移动抛光机的方法，分区域抛光 注意： （1）抛光时转盘与漆面接触会发热，要注意及时添加抛光蜡和浇水降温，避免抛穿漆面； （2）抛光机靠近装饰件（如胶条）时要降低转速，避免接触装饰件	□抛光盘干净，无残留硬质物 □布抛光蜡均匀 根据漆面状况和抛光面的材质掌握好 □轻重缓急 □力度适中
4.手工进行研磨	（1）揭开胶条装饰件保护膜； （2）对抛光机无法施工的地方用手工进行研磨； （3）检查，确保漆面抛光整体效果	□完成手工研磨，检查无抛光遗漏
5.高压冲洗，抹干车漆面	见表4-4，漆面打蜡工作步骤表	□完成
6.漆面打蜡	见表4-4，漆面打蜡工作步骤表	□完成
7.完工整理	车辆、工具、设备场地整理和复位	□按5S要求整理

3.漆面镀晶

漆面镀晶操作方法及说明见表4-6。

漆面镀晶操作方法及说明 表4-6

步骤	操作方法及说明	质量标准及记录
1.漆面清洗	见"项目一任务1 汽车外表清洗"相关内容	□完成
2.漆面抛光方案	见表4-5，漆面抛光工作步骤表	□完成
3.漆面脱油脂处理	（1）用脱油脂（开蜡）材料喷洒在漆面上，对全车漆面进行脱油脂处理； （2）等待15min后，用干净软布抹干 注意：脱脂除油剂喷洒时，谨防吸入或喷在皮肤上，请做好个人防护	□均匀喷洒脱脂剂，漆面气孔打开 □完成脱脂处理

续上表

步骤	操作方法及说明	质量标准及记录
4. 车辆冲洗，抹干	(1)用清水冲洗，清洁漆面； (2)将车驶入无尘车间； (3)将车抹干，做好镀晶前的准备	□完成车辆冲洗 □在无尘室抹干车身
5. 镀晶	(1)按照自上而下、自左(右)而右(左)、最后发动机舱盖顺序，并按镀晶材料的施工作业要求进行施工。 ①在镀晶海绵块上蘸上适量镀晶液； ②按"井"字形涂抹方法，分区域均匀涂上镀晶液； ③确保全车漆面均匀覆盖； ④等待 5～10min； ⑤使用专用镀晶毛巾擦拭。 (2)镀晶后风干。 ①镀晶完成后让车辆停放在车间内一定时间(具体视产品要求而定)； ②使晶体充分晾干固化，实现与漆面结合牢固。 (3)目视检查全车车漆镀晶的全面性程度和均匀程度	□按顺序施工 □涂抹用力均匀 □完成全车漆面涂抹 □漆面与镀晶液完全结合 □完成擦拭 □静置等待时间：_____ □完成固化 □无明显不规则炫纹 □镀晶全面覆盖 □镀晶均匀
	提示： (1)镀晶施工环境在无尘车间中进行，车间内保持恒温，车间光线良好； (2)对于旧车需要在镀晶前进行抛光处理，确保漆面效果达到漆面最佳状况； (3)对于新车则视漆面状况决定是否进行全车抛光或局部抛光或不需要抛光； (4)镀晶前的油脂处理，是保证镀晶效果是否持久的基础； (5)镀晶完成后要让晶体在漆面上充分固化，48h 内不得冲水洗车； (6)镀晶后的车漆面尽量用 pH 值为 7 左右的洗车材料进行洗车	
6. 完工整理	车辆、工具、设备场地整理和复位	□按5S要求整理

4. 底盘装甲

底盘装甲操作方法及说明见表4-7。

底盘装甲工作操作方法及说明　　　　　表4-7

步　骤	操作方法及说明	质量标准及记录
1.拆卸车轮、翼子板内衬及底盘保护盖板	(1)将车辆举升,拆卸四个车轮; (2)拆卸四个翼子板内衬; (3)拆卸底盘保护盖板	□对角交叉拆卸轮胎螺丝 □车轮做好位置记号 □显露遮盖底盘喷涂面
2.底盘清洗	(1)目视检查底盘部件是否有锈蚀损坏情况; (2)使用高压水枪将底盘需要喷涂的部位进行彻底地冲洗,如必要可刷洗; (3)擦拭底盘,去除水渍,检查喷涂表面	□无损坏 □有锈蚀,清理或铲除 □完成冲洗 □喷涂表面无尘、无油、无锈迹
3.底盘非喷涂部件包裹	使用遮蔽纸、薄膜包裹底盘的排气管、水箱、螺旋弹簧减振器等部件	□包裹严实,无缝隙 底盘装甲喷涂
4.底盘装甲漆喷涂	(1)穿戴防护服、防护口罩、胶手套和护目镜; (2)用力摇晃漆瓶,使漆均匀; (3)漆瓶连接专用压缩空气喷枪,调节喷涂压力; (4)距离喷涂表面30cm处,匀速喷涂; (5)正常喷涂需反复2~3次,每次喷涂间隔时间30min	□做好个人防护 □喷涂压力在3~5bar范围 □喷涂位置全覆盖,无遗漏 □涂层表面固化30min,方可进行下一次喷涂
	注意:在第一次喷涂完毕后,对有孔洞裂缝、接驳处必须补刮平整后再喷下一次	

续上表

步　　骤	操作方法及说明	质量标准及记录
5. 去除密封包裹,装复拆卸件	(1)拆卸底盘保护盖板; (2)安装四个翼子板内衬; (3)安装四个车轮	□底盘保护盖板、翼子板内衬原位置安装 □车轮按原位置安装,并紧固至规定力矩
6.完工整理	车辆、工具、设备场地整理和复位 提示:建议新车做底盘装甲,可省略清洗底盘步骤。一次喷涂,车辆终身受用	□按5S要求整理

任务评价

汽车漆面养护考核评分记录见表4-8。

汽车漆面养护考核评分记录表　　　　　　表4-8

类别	序号	项　　目	考核内容及要求	配分	评分标准 (各项配分扣完为止)	得分
专业知识 (20分)	1	汽车漆养护材料	正确描述汽车漆养护材料种类	5	能回答问题,但回答不完整,按比例扣分;不能回答,扣5分	
			正确描述汽车漆养护材料的作用	5	能回答问题,但回答不完整,按比例扣分;不能回答,扣5分	
	2	汽车漆养护工具	正确描述汽车漆养护工具种类	5	能回答问题,但回答不完整,按比例扣分;不能回答,扣5分	
			正确描述汽车漆养护工具的作用	5	能回答问题,但回答不完整,按比例扣分;不能回答,扣5分	
操作技能 (80分)	1	劳保用品穿戴	劳保用品穿戴齐全	5	穿戴不全,不得分	
	2	正确选用工具、设备、材料	选用工具、设备、材料齐全准确	5	缺一件,扣1分,选错一件,扣1分	
	3	准备	准备工作齐全	5	准备不充分一项,扣2.5分	
	4	抛光	操作步骤和方法	10	方法错误,扣5分;未完成,扣5分	
		打蜡	操作步骤和方法	10	方法错误,扣5分;未完成,扣5分	
		镀晶	操作步骤和方法	10	方法错误,扣5分;未完成,扣5分	
		底盘装甲	操作步骤和方法	10	方法错误,扣5分;未完成,扣5分	

续上表

类别	序号	项目	考核内容及要求	配分	评分标准（各项配分扣完为止）	得分
操作技能（80分）	5	正确使用工具、设备、材料	工具、设备使用正确	10	一种工具、设备、材料使用不正确，扣2分	
					损坏、丢失一件工具，不得分	
	6	操作规程	操作规程执行情况	10	违反操作规程，不得分	
	7	清理现场(5S管理)	清理、擦洗并回收工具和设备	5	少收一件工具、设备，扣1分	
		分数总计		100	最终得分	

考核员签字：_____ 日期：_____年___月___日

任务2　汽车内饰件养护（四级）

▶ 建议学时：4学时

一、知识要求

1. 掌握皮革件深度清洁及上光保护的材料选择及工艺流程。
2. 掌握针织纤维深度清洁及上光保护的材料选择及工艺流程。
3. 掌握桃木、镀铬、橡胶、塑胶零部件翻新及上光保护材料的选择及工艺流程。

二、技能要求

1. 能对皮革件与针织纤维件进行护理、翻新、更换。
2. 能对桃木、镀铬、橡胶、塑胶零部件进行护理、翻新、更换。

一、汽车内饰件养护基础知识

汽车内饰清洁护理是一项系统、细致的作业，一定要遵循规范的操作程序，同时也要遵循由高处到低处的原则，即从顶棚到座椅、玻璃、仪表板、门护板开始进行，最后清洁地毯、脚垫等。

了解内饰件的材质特性可以更好地选择清洁材料和清洁方法，汽车内饰件的材质特性见表4-9。

汽车内饰件的材质特性　　　　　　　　　　　表4-9

序号	名　称	材质和特性
1	皮革	皮革是经脱毛和鞣制等物理、化学加工所得到的已经变性不易腐烂的动物皮。革是由天然蛋白质纤维在三维空间紧密编织构成的,其表面有一种特殊的粒面层,具有自然的粒纹和光泽,手感舒适
2	镀铬	镀铬是将铬作为镀层镀到其他金属上的,铬是一种微带蓝色的银色金属
3	桃木	桃木木材才可以制作桃木家具,材质坚韧且厚重
4	塑料	塑料定义是一种合成的或天然的高分子聚合物,可任意捏成各种形状最后能保持形状不变的材料或可塑材料产品
5	橡胶	橡胶是具有可逆形变的高弹性聚合物材料,在室温下富有弹性,在很小的外力作用下能产生较大形变,除去外力后能恢复原状。橡胶属于完全无定型聚合物

二、汽车内饰件养护工具、设备和材料

1.工具、设备

汽车内饰件养护需要用到的工具设备有工具车、内饰清洗枪、收纳盒、内饰清洁毛巾、真皮镀膜海绵和风口清洁毛刷等,见表4-10。

内饰件养护工具设备　　　　　　　　　　　表4-10

序号	名　称	图　片	功　能
1	工具车		放置清洁护理工具和材料
2	内饰清洗枪		借助压缩空气雾化喷洒内饰清洗液
3	收纳盒		临时收纳存放车内物品
4	内饰清洁毛巾		双面加厚超细纤面料,强吸水、不掉毛、不褪色

续上表

序号	名称	图片	功能
5	真皮镀膜海绵		优质细软海绵,柔软不伤车
6	风口清洁毛刷		刷毛柔软有韧性,有足够的清洁力,不伤车体,能清洁细小的缝隙

2.汽车内饰件养护材料

汽车内饰件养护需要用到的清洁材料多为消耗类的美容用品,针对不同污垢的汽车内饰件需用对应的清洁材料。常见的内饰清洗液、万能泡沫清洁剂、内饰镀膜液、表板蜡、真皮护理镀膜剂等,见表4-11。

汽车内饰清洗材料　　　　　　　　　表4-11

序号	名称	清洁材料	性能特点	使用范围	使用方法
1	多功能泡沫清洁剂		喷出后呈细腻的泡沫状,其含有抗菌、芳香成分,去污能力强,能快速使内饰件表面光洁如新	适用清除汽车内饰污渍	将多功能泡沫清洁剂充分摇匀,均匀喷洒在内饰表面擦除即可
2	内饰镀膜液		在内饰件表面涂抹汽车内饰镀膜液后,会形成一层纳米保护层	适用于汽车内饰件	将汽车内饰洗干净后,擦干水,喷上内饰镀膜液,均匀地喷洒在相关的部位,然后用擦拭毛巾擦拭均匀
3	表板蜡		对仪表板、立柱及门饰板进行有效的清洁和护理	适用于汽车内饰件	将车内饰洗干净后,擦干水,先摇晃表板蜡,均匀地喷洒在相关的部位,然后稍等一会即可

续上表

序号	名称	清洁材料	性能特点	使用范围	使用方法
4	皮革护理剂		对座椅皮革、门饰板皮革有着清洁、滋润的作用	适用于皮革内饰件	将车内皮革清洗干净,擦干水,均匀将皮革护理剂喷洒在皮革上,用海绵刷洗皮革,再用毛巾擦干净

任务实施

一、实训资源

(1)实训场地:汽车清洗实训场1个。
(2)实训车辆:轿车1辆。
(3)工具耗材与设备:汽车内饰件清洗材料1套,汽车内饰件清洁工具和设备1套。

二、安全注意事项

(1)操作人员应穿着工作服和工作鞋,必要时佩戴的护目镜、耳塞和口罩。
(2)电动设备使用严格按照额定电压、频率提供电源。

三、操作过程

车辆内饰件清洗前准备和清洗操作方法及说明见表4-12。

车辆内饰件清洗前准备和清洗操作方法及说明 表4-12

步骤	操作方法及说明	质量标准及记录
1.清空车内贵重物品、验车	(1)提醒车主取走贵重物品; (2)接车、验车; (3)检查完成后客户签字	□应无贵重物品,如手机、钱包等 □应无纸巾盒、硬币、靠枕、饰件等 □填写验车单

续上表

步　骤	操作方法及说明	质量标准及记录
2. 收纳物品	将车内物品放入专用收纳盒内,妥善保管	□车内物品收纳并保管
3. 清洁门框	用内饰清洗剂配合软毛刷清洁门框、车门密封条、车门铰链等位置,再用干毛巾擦干	□门框、车门密封条、车门铰链等位置干净无污渍 □无残留的沙粒、石子等锋利物质
4. 车内吸尘	用吸尘器从高到低顺序,吸除车内灰尘	□车内无灰尘和残余污物
5. 顶棚清洁护理	(1)喷洒顶棚清洁剂或多功能泡沫清洁剂,待顶棚泡沫浸透污渍; (2)用浅色、干净的内饰专用毛巾擦拭、清洁顶棚	□顶棚清洗干净,无污渍

续上表

步 骤	操作方法及说明	质量标准及记录
6.仪表板清洁护理	(1)用多功能泡沫清洁剂配合软毛刷清洁空调出口,配合内饰专用毛巾清洁仪表板; (2)清洁完成后,喷洒表板蜡或真皮上光保护剂进行护理	□完成泡沫喷涂擦洗 □完成缝隙清洁,无泡沫残留
	注意:车内电子部件提前做好防护,多功能泡沫清洁剂不要直接喷在电子开关、液晶屏幕和玻璃上	
7.玻璃清洁	用玻璃专用毛巾配合玻璃清洁剂进行清洁	□玻璃清洁干净,无水渍和残留污物
8.座椅清洁护理	(1)用多功能泡沫清洁剂配合内饰专用毛巾清洁座椅; (2)待真皮座椅表面干透后,喷洒真皮上光保护剂或用专用海绵将真皮镀膜剂均匀涂抹在座椅表面	□座椅清洁干净 □完成皮质座椅护理
	注意:织物座椅不需要清洁和镀膜,只需拆下座套或座垫进行清洗即可	

续上表

步　　骤	操作方法及说明	质量标准及记录
9. 立柱及门护板清洁护理	(1)用多功能清洁剂配合内饰专用毛巾清洁立柱及门护板； (2)清洁完成后,喷洒表板蜡或真皮上光保护剂进行护理	□立柱和门护板干净清洁 □完成饰板护理
10. 地毯清洁护理	用内饰清洗剂或多功能泡沫清洁剂配合毛巾清洁地毯	□地毯干净清洁
11. 行李舱清洁护理	(1)打开行李舱盖,用收纳盒收好行李舱物品,妥善保管； (2)用内饰清洗液配合毛刷或毛巾清洁行李舱盖； (3)对行李舱进行吸尘； (4)用内饰清洗液或多功能清洁剂配合毛巾清洁行李舱	□行李舱物品妥善保管 □行李舱盖干净清洁 □行李舱无灰尘杂质 □行李舱、行李舱盖框干净清洁
12. 放回物品	将收纳到车外的所有物品放回车内	□车内物品放回原位,摆放整齐
13. 检查交车	按验收标准进行检查,再交由质检人员或组长进行验收	□内饰护理合格,无遗漏位置 □物品摆放整齐

64

任务评价

汽车内饰件清洁考核评分记录见表4-13。

汽车内饰件护理考核评分记录表　　　　　　表4-13

类别	序号	项目	考核内容及要求	配分	评分标准（各项配分扣完为止）	得分
专业知识(20分)	1	车内饰件清洁材料	正确描述多功能泡沫清洁剂、内饰清洁液作用	5	能回答问题，但回答不完整，按比例扣分；不能回答，扣5分	
			正确描述表板蜡、皮革护理剂的作用	5	能回答问题，但回答不完整，按比例扣分；不能回答，扣5分	
	2	车内饰件清洁工具	正确描述内饰清洗枪作用	5	能回答问题，但回答不完整，按比例扣分；不能回答，扣5分	
			正确描述工具、收纳盒的作用	5	能回答问题，但回答不完整，按比例扣分；不能回答，扣5分	
操作技能(80分)	1	劳保用品穿戴	劳保用品穿戴齐全	5	穿戴不全，不得分	
	2	正确选用工具、设备、材料	选用工具、设备、材料齐全准确	5	缺一件，扣1分，选错一件，扣1分	
	3	准备	准备工作齐全	5	准备不充分一项，扣2.5分	
	4	内饰件清洗	内饰件污质清洗	10	方法错误，扣5分；未完成，扣5分	
		内饰件的护理	用内饰护理剂进行内饰件护理	15	方法错误，扣5分；未完成，扣5分	
		顽固污质等清洁	顽固污质、油污等	15	方法错误，扣5分；未完成，扣5分	
	5	正确使用工具、设备、材料	工具、设备使用正确	10	一种工具、设备、材料使用不正确，扣2分	
					损坏、丢失一件工具，不得分	
	6	操作规程	操作规程执行情况	10	违反操作规程，不得分	
	7	清理现场(5S管理)	清理、擦洗并回收工具和设备	5	少收一件工具、设备，扣1分	
		分数总计		100	最终得分	

考核员签字：＿＿＿＿＿＿＿　　　　　　　　　　　日期：＿＿＿年＿＿月＿＿日

项目五　汽车电子产品安装

项目描述

汽车电子产品安装是指在原车电器设备无法满足车主的使用需求,而进行电子产品的升级或替换的解决方案。通常有原厂升级和第三方产品升级两种类型,本项目针对安全和娱乐两种类型的电子产品进行介绍,通过安装流程和实施方法讲解,从而让读者掌握常见的电子产品选用和安装的专业知识和操作要点。

任务1　汽车安全类电子产品安装(四级)

▶ 建议学时:4学时

考核要求

一、知识要求

1. 掌握汽车电源和电路的特性和点烟器电源及保险丝技术要求。
2. 了解倒车雷达产品原理和技术要求。
3. 了解中控锁原理和技术要求。
4. 掌握行车记录仪的使用方法、安装步骤和注意事项。

二、技能要求

1. 能安装倒车辅助装置。
2. 能安装中控锁系统。
3. 能安装行车记录仪。
4. 能安装汽车导航装置。

任务准备

一、汽车安全类电子产品安装基础知识

各汽车品牌出厂的同一车型为划分不同级别,一般分为低配、中配和高配。在这些低配置甚至中配置的车辆上减配了不少实用的电子产品。因此,低配加装安全类电子产品较为普遍,常见的有倒车雷达、中控锁、行车记录仪、胎压检测器等,见表5-1。市场上可安装安全类电子产品的种类和品牌众多,有原厂升级方案也有第三方品牌产品,价格差异也比较大,

客户可以根据需求选择合适的产品。

安全类电子产品　　　　　　　　　　　　　　表 5-1

序号	名称	图示	功能与使用方法
1	倒车雷达与倒车影像		倒车雷达能以超声波测量车辆与障碍物之间的距离,并不受光线、天气等因素的影响,以声音和显示方式告知驾驶员车辆周边情况
2	中控锁		中控锁是控制全车车门锁的装置,通过按压驾驶座车门上的中控锁开关实现全车开锁或锁止,轿车上中控锁几乎是标准配置
3	行车记录仪		行车记录仪可以记录车辆行驶全过程的视频图像和声音,可为交通事故提供证据
4	胎压监测器		胎压监测器在每个轮胎安装了高灵敏度的感应发射器,实时监测轮胎的压力和温度,数据信号无线传送到车内的终端接收系统,如出现异常终端会自动报警和显示轮胎状态

1. 汽车电源与电路特点

(1)汽车电源。

以传统燃油汽车为例,汽车主要由蓄电池和发电机供电,在汽车启动前由蓄电池供电,启动发动机后主要由发电机供电,同时对蓄电池进行充电,其功能和特点见表 5-2。

蓄电池和发电机功能与特点　　　　　　　　　　表 5-2

名称	图片	功能	特点
蓄电池		一般为铅酸蓄电池,将化学能转变成电能,为起动机供电用以起动发动机	(1)向车辆提供 12V 低压的直流电; (2)发动机启动后,起稳定发电机发电电压作用

续上表

名称	图片	功能	特点
交流发电机		发电机在发动机传动带驱动下,将机械能转变为电能,是汽车用电器的主要供电电源,并向蓄电池充电	发电机通过调压、整流输出约为13.5V的直流电,为启动后的车辆源源不断提供电能

在新能源汽车上,车身电器的供电同样使用12V的直流电,与传统燃油汽车不同的是,低压12V电源供给是由高压蓄电池通过DC/DC变压器(直流转直流变压器),将高压直流电降压为车身电器供电以及为低压蓄电池充电,如图5-1所示。

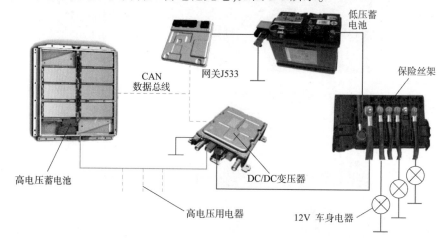

图5-1 新能源汽车电源

(2)汽车电路组成和负极搭铁。

汽车电路如图5-2所示,分别由电源、开关、用电设备、电线和过载保护装置等组成。负极搭铁是指蓄电池负极连接金属的车身,用电设备只需提供电源正极,负极在靠近用电设备周边的车身直接接地即可形成回路,大大节约了电线的使用。

(3)无损连接器。

在改装或加装电器设备的供电上,电源获取最直接的方法是直接找到电源线和搭铁线进行破线取电。然而这种方式时间长了,难免出现包扎松脱引起短路的风险,同时线路走线也杂乱无章,存在安全隐患。现代汽车线路改装常用到无损连接器,结构如图5-3所示,可以实现1分2供电,值得注意的是,需考虑加装用电设备的功率与原电路的保险匹配度。另外,在点烟器座上获取电源也是比较普遍的做法,同样需考虑点烟器保险丝容量是否符合加装的电器设备用电需求。

2.倒车雷达系统

倒车雷达系统又称驻车辅助系统。在倒车过程中,主机控制器产生40kHz的方波控制雷达(超声波传感器)输出超声波信号,在遇到障碍物时经由超声波信号折射后接收,比对输出与接收的时间差来计算出障碍物的距离,并通过显示屏或蜂鸣器向驾驶员发出警告,如

图5-4所示。倒车雷达系统由倒车雷达主机控制器、倒车雷达显示器或蜂鸣器及4个倒车雷达传感器组成。此外,带倒车影像功能的倒车雷达系统在车辆后方增加1个摄像头,实现倒车可视化和雷达警报,对新手驾驶员比较友好。

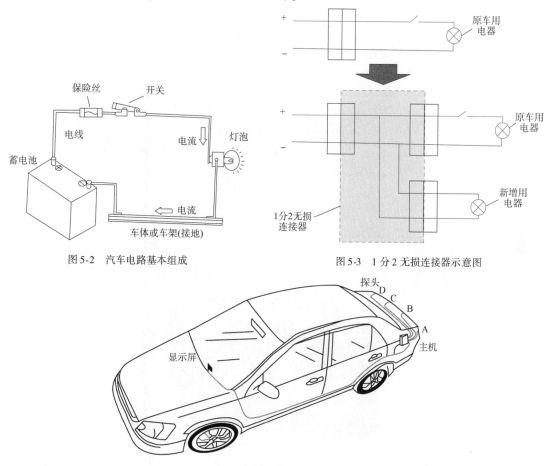

图5-2 汽车电路基本组成

图5-3 1分2无损连接器示意图

图5-4 倒车雷达系统组成

3. 中控锁原理和技术要求

汽车中控锁是可以便捷地通过驾驶侧车门上的中控锁开关同时控制全部车门的开启或关闭的一套装置。现代的中控锁技术与防盗相结合应用比较普遍,考虑到成本问题,在一些低配置的小型车和货车上仍作为选装配置。常见加装的中控锁的结构分别由门锁控制器、4个门锁启动器马达、门控开关和相关线路等组成。中控锁的工作过程如图5-5所示,当驾驶员开锁时,中控锁控制器的开锁信号由5V变为0V,通过中控锁控制器TR2三极管接地从而控制开锁继电器闭合,使得门锁马达电路接通,马达工作转变为开锁的机械动作实现4个车门同时解锁。反之,改变门锁马达电流工作方向以实现锁车。

4. 行车记录仪

行车记录仪有显示屏幕和无显示屏幕隐藏式两种。如图5-6所示,带显示屏行车记录仪主要组成包括摄像的镜头、集成处理器、麦克风、重力传感器和支架等,一些具有夜视效果的记录仪还具备红外补光灯。在汽车行驶的过程中,行车记录仪通过镜头将拍摄到的画面等信息数据记录到主机内部SD存储卡或机身内置存储介质中。其中的重力传感器会记录行车时受到碰撞、晃动,上升,下降,跌落等各种变化视频影像,然后传递给处理器,处理器分析判断后,锁定视频影像保护状态,不会在以后的录制中被自动删除和覆盖,为交通事故提供证据。

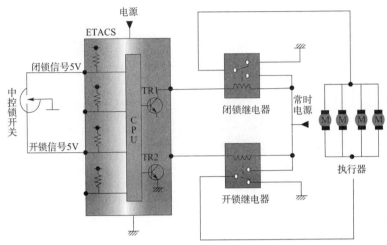

图5-5 中控锁控制原理

图5-6 带显示屏幕行车记录仪

二、汽车安全类电子产品安装工具、设备和材料

汽车安全类电子产品安装使用工具和材料有内饰拆卸套件、螺丝刀套装、电工胶布、排线卡子等,见表5-3。

安装专用的工具设备　　表5-3

序号	名称	图片	功能
1	内饰拆卸套件		套件包含有多种汽车内饰拆卸工具,适用于汽车音响、仪表板、安装夹、顶灯、门板和车内配件,塑料材质的工具在拆卸时能起到保护作用,不会在饰件上留下划痕

续上表

序号	名称	图片	功能
2	螺丝刀套装		长短、大小不一的十字和一字螺丝刀可适用于不同安装条件
3	电工胶布		电工胶布可以包裹裸露的线路,避免短路和漏电,其具有较好的黏性、韧性和阻燃性能
4	保险盒取电器		保险盒取电器在不改变原保险电路情况下,以并联方式为新增的用电设备增加一个保险,通常也称为无损改装转接线电源保险丝
5	排线卡子		排线卡子,种类较多,有自粘式线卡扣,起到固定线路作用,避免线路松旷产生运动干涉,发生噪声和损坏

一、实训资源

（1）实训场地:汽车维修工位1个。
（2）实训车辆:轿车1辆。
（3）工具耗材与设备:汽车内饰拆卸工具1套,汽车常用工具1套。

二、安全注意事项

（1）操作人员应穿着工作服和工作鞋。
（2）拆装车内外饰件请按维修手册步骤进行,以免损坏。
（3）安装电子产品时,部件安装牢固,走线规范。

三、操作过程

1. 安装倒车辅助装置

建议选购大品牌车型定制版的倒车雷达系统,可以实现在不影响原车的线路、外观的前提下,提升倒车安全性。安装倒车辅助装置操作方法及说明见表5-4。

安装倒车辅助装置操作方法及说明　　　　　表5-4

步骤	操作方法及说明	质量标准及记录
1.打孔	(1)根据产品安装说明,在车辆后保险杠上用尺子测量并标记雷达传感器的打孔位置; (2)使用产品配备的专用钻头,在车辆后保险杠分别钻出雷达安装孔	□查阅产品安装说明书 □标记正确打孔位置 □完成打孔
2.连接导线	(1)拆下行李舱内罩; (2)将雷达线束从后保险杠安装孔穿至行李舱,雷达探头通过卡扣固定在钻孔上; (3)将倒车雷达主机、倒车信号线和制动灯信号线并联至相应车灯线路中,定制车型通常配备"无损连接器",直接并联即可,安全可靠; (4)在主驾驶侧仪表台合适位置安装雷达显示器,并使其固定好,然后将其线束沿着车座下布线,拆开门槛饰板,一直延伸到行李舱	□完成穿线,整齐摆放 □完成雷达安装,牢固可靠 □按产品安装说明要求连接雷达主机制动和倒车信号线路 □完成雷达显示器或蜂鸣器的安装

续上表

步　　骤	操作方法及说明	质量标准及记录
2.连接导线	提示： (1)拆卸车内饰板时请使用内饰专用塑胶撬棒，以免损伤饰件； (2)在没有无损连接器情况下，需采用破线方式获取制动和倒车信号时，请严格按接线要求并接，做好绝缘包扎，并整理线束	
3.安装主机	(1)将倒车雷达显示器、传感器线束按要求与主机连接； ❶黑色接地；❷红色接倒车灯电源；❸橙色接刹车灯电源；❹白色接ACC电源 (2)将主机使用双面胶牢固粘贴到左后翼子板内侧	□按产品安装说明要求连接雷达主机相关线束 □安装雷达主机，牢固可靠
4.倒车测试	挂入倒挡测试倒车雷达功能，使用挡板测试不同距离倒车雷达显示和蜂鸣声是否正确	□雷达功能正常

续上表

步　骤	操作方法及说明	质量标准及记录
5.完工整理	(1)复原拆卸的内饰部件,饰件卡扣安装到位; (2)重新检查布线情况,做到隐蔽和美观; (3)车辆、工具、设备场地整理和复位	□饰件安装牢固,无松脱 □布线隐蔽,无外漏 □按5S要求整理

2.安装中控锁系统

安装中控锁系统操作方法及说明见表5-5。

安装中控锁系统操作方法及说明　　　　表5-5

步　骤	操作方法及说明	质量标准及记录
1.拆卸4个车门内饰板	(1)查阅维修手册,拆卸车门饰板固定螺钉,使用塑料撬棒撬开饰板; (2)使用墙纸刀切离内膜胶 提示:车门饰板拆卸请使用专用塑胶撬棒,以免损伤饰板和卡扣	□查阅对应车型维修手册 □规范完成车门饰板拆卸 □完成内膜胶拆卸
2.安装4个门锁启动器电机	(1)根据产品安装说明,适配门锁启动器电机的拉杆并联到开锁拉杆上; (2)使用产品配备的安装支架和螺钉,将适配好拉杆位置的门锁启动器电机固定在车内侧门板上; (3)反复锁车、解锁确保门锁启动器电机拉杆行程符合要求 提示:主驾驶侧车门锁启动器带有开关功能,因此为4根线;其他车门均为2根线	□查阅产品安装说明书 □安装门锁启动器电机,牢固可靠

项目五 汽车电子产品安装

续上表

步骤	操作方法及说明	质量标准及记录
3.连接导线	(1)连接4个车门锁启动器电机线路,线束走原车门电器的走线孔,可使用排线卡子固定线束,并沿着门框边缘延伸到驾驶侧仪表台下方; (2)连接中控锁控制器线路,其中12V电源使用无损的保险盒取电器在常电保险丝上取电,搭铁则直接连接仪表台附件搭铁点即可 门锁控制器接线图	□查阅产品安装说明线路连接图 □正确连接门锁相关电路,连接可靠
4.中控锁测试	车内和车外(钥匙)分别测试锁止和开启驾驶侧车门锁,观察其余三车门锁应同步	□中控锁功能正常
5.完工整理	(1)复原拆卸的内饰部件,饰件卡扣安装到位; (2)重新检查布线情况,做到隐蔽和美观; (3)车辆、工具、设备场地整理和复位	□饰件安装牢固,无松脱 □布线隐蔽,无外漏 □按5S要求整理

3.安装行车记录

安装行车记录仪操作方法及说明见表5-6。

安装行车记录仪操作方法及说明　　　　　表5-6

步骤	操作方法及说明	质量标准及记录
1.安装记录仪	根据安装说明建议位置,将行车记录仪摄像头固定在前挡风玻璃上方,注意切勿遮挡驾驶员视线 最佳安装位置 提示: (1)行车记录仪安装位置不可安装在挡住驾驶员视线的位置,建议参考产品的说明书; (2)请正确牢固地安装本产品,若改变安装位置,请选择耐高温质量可靠的双面胶	□查阅产品安装说明书,确定安装位置 □记录仪安装牢固可靠

75

续上表

步骤	操作方法及说明	质量标准及记录
2.连接导线	(1)点烟器取电方式,直接连接点烟器电源,布线通常走仪表台右侧;	□走线规范,无外漏
	(2)保险丝盒取电方式,通常使用无损的保险丝取电器,线路走仪表台左侧;	□按产品要求,正确选择保险丝位置 □保险丝容量与用电器功率匹配
	(3)对于隐藏式行车记录仪,第三方厂家根据车型开发,记录仪和摄像头嵌入车内后视镜支架外壳,直接替换即可,电源直接从雨量传感器或车顶阅读灯采用一分二无损接头取电即可,安装便捷,隐蔽较好	□完成无损保险丝取电器取电 □完成安装
	提示: (1)拆卸车内饰板时请使用内饰专用塑胶撬棒,以免损伤饰件;安装饰件先确保卡扣无脱落方可安装; (2)布线时,沿着图示将线束塞入顶棚边缘和车A柱内饰件里面,达到隐藏和美观效果	
3.测试和调整行车记录仪	打开点火开关,启动行车记录仪,通过显示屏或手机观察影像画面位置,若位置偏离,可转动摄像头角度调节	□记录仪功能正常
4.完工整理	(1)复原拆卸的内饰部件,饰件卡扣安装到位; (2)重新检查布线情况,做到隐蔽和美观; (3)车辆、工具、设备场地整理和复位	□饰件安装牢固,无松脱 □布线隐蔽,无外漏 □按5S要求整理

4.安装汽车导航装置

安装汽车导航装置操作方法及说明见表5-7。

项目五　汽车电子产品安装

安装汽车导航装置操作方法及说明　　　　　　　　　　　　　　表 5-7

步　骤	操作方法及说明	质量标准及记录
1. 安装汽车导航	(1) 汽车导航装置安装。车载多媒体系统通常涵括车载导航功能,以车载智慧屏为例,直接将智慧屏放到仪表台上方锁住即可; (2) 连接电源,使用 USB 线连接到点烟器上的车载充电器上	□查阅产品安装说明书 □固定汽车导航,牢固可靠 □完成线路连接
2. 测试	(1) 启动智慧屏电源,首次应用需开启手机 Wi-Fi 和蓝牙功能进行匹配; (2) 智慧屏与手机连接成功可实现应用跨屏流转,开启手机地图导航软件,即可实现车载导航,而手机通话、音乐、视频等功能均可跨屏使用; (3) 测试智慧屏的行车记录仪功能	□完成测试,功能正常
3. 完工整理	车辆、工具、设备场地整理和复位	□按 5S 要求整理

任务评价

汽车安全类电子产品安装考核评分记录见表 5-8。

汽车安全类电子产品安装考核评分记录表　　　　　　　　　　表 5-8

类别	序号	项　　目	考核内容及要求	配分	评分标准 (各项配分扣完为止)	得分
专业知识 (20 分)	1	汽车电源和电路的特性	正确描述汽车电源种类和特点	5	能回答问题,但回答不完整,按比例扣分;不能回答,扣 5 分	
			正确描述汽车电路特征	5	能回答问题,但回答不完整,按比例扣分;不能回答,扣 5 分	

77

续上表

类别	序号	项目	考核内容及要求	配分	评分标准（各项配分扣完为止）	得分
专业知识(20分)	2	安全类电子产品	正确描述有哪些安全类电子产品	5	能回答问题，但回答不完整，按比例扣分；不能回答，扣5分	
			正确描述各产品作用	5	能回答问题，但回答不完整，按比例扣分；不能回答，扣5分	
操作技能(80分)	1	劳保用品穿戴	劳保用品穿戴齐全	5	穿戴不全，不得分	
	2	正确选用工具、设备、材料	选用工具、设备、材料齐全准确	5	缺一件，扣1分，选错一件，扣1分	
	3	准备	准备工作齐全	5	准备不充分一项，扣2.5分	
	4	安装倒车雷达	正确安装倒车雷达	15	方法错误，扣5分；未完成，扣5分	
		安装中控锁系统	正确安装中控锁系统	15	方法错误，扣5分；未完成，扣5分	
		安装行车记录仪	正确安装行车记录仪	20	方法错误，扣5分；未完成，扣5分	
	5	正确使用工具、设备、材料	工具、设备使用正确	5	一种工具、设备、材料使用不正确，扣2分	
					损坏、丢失一件工具，不得分	
	6	操作规程	操作规程执行情况	5	违反操作规程，不得分	
	7	清理现场(5S管理)	清洁、整理并回收工具和设备	5	少收一件工具、设备，扣1分	
分数总计				100	最终得分	

考核员签字：　　　　　　　　　　　　　　日期：＿＿＿＿年＿＿月＿＿日

任务2　汽车娱乐类电子产品安装（四级）

▶建议学时：5学时

考核要求

一、知识要求

1.掌握智能后视镜安装技术要求。

2. 掌握汽车音响知识和安装要求。
3. 掌握汽车导航中控系统电路识别和产品安装技术要求。

二、技能要求

1. 能安装智能辅助系统。
2. 能安装汽车音响系统。
3. 能安装车载影像系统。

任务准备

一、汽车娱乐类电子产品基础知识

通常各汽车品牌出厂的车型为划分不同级别,即使同一种车型上也分高、中、低3种配置。低配置车辆为节约制造成本,减少了许多实用的电子产品。因此,替换或升级娱乐类的电子产品非常普遍,常见有智能后视镜、车载音响系统、车载影像系统等,见表5-9。市场上可安装汽车娱乐类电子产品的种类和品牌众多,功能和性能以及价格差异也比较大,客户可以根据需求选择合适的产品。

娱乐类电子产品　　　　　　　　　　表5-9

序号	名　称	图　示	功　能
1	智能后视镜		智能后视镜具有独立的操作系统,独立的运行空间,可以由用户自行安装软件、游戏、导航等第三方服务商提供的程序,实现行车记录、GPS定位、电子测速提醒、倒车可视、实时在线影音娱乐等功能
2	车载音响系统		车载音响系统升级可以提高音乐的听觉享受,升级有替换车载扬声器、增加DSP功率放大器等方式,适用于对于音乐音质有较高追求的人
3	车载影像系统		车载影像系统通常指导航中控系统,升级该车机可实现语音控制、通话、音乐、视频、导航、倒车影像等功能,可提高行车的安全性和娱乐性

1. 智能后视镜

智能后视镜多为安卓、WinCE操作系统,像智能手机一样集合了车前摄像头、GPS定位器等硬件。可以连接网络、安装车机软件,通过语音控制可以实现蓝牙免提电话、导航、GPS

定位、行车记录、倒车影像以及在线的影音娱乐等功能。由于价格低廉,安装方便,是行车智能辅助设备中不错的选择,其结构如图 5-7 所示。

2. 车载音响系统

车载音响系统可以使驾驶员和乘客在行车途中不再枯燥,心情更加愉悦,从而提高行车的舒适性。汽车音响系统一般由主机、扬声器、功放等组成,如图 5-8 所示。

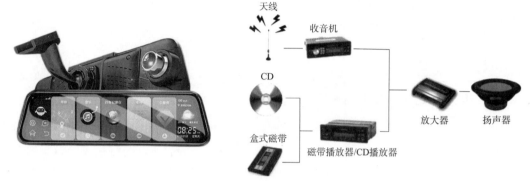

图 5-7　智能后视镜　　　　　　　　　图 5-8　汽车音响组成

汽车原车音响受量产车成本限制,音质大多不尽如人意,因此汽车音响升级也较为普遍,不同的升级方案价格差异巨大,车主需根据预算选择合适的音响升级方案。常见方案见表 5-10。

汽车音响升级方案　　　　　　　　　　　　　表 5-10

序号	音响升级方案	图片	价格和效果
1	升级更换前门扬声器或四门扬声器		价格实惠,可提升音乐的清晰度和层次感
2	升级更换前后门扬声器+1 台 DSP 功放		价格适中,音质提升,有足够的功率提供,声音发挥稳定耐听
3	升级更换前后门扬声器+1 台 DSP 功放+低音		价格较高,整套系统搭配,高中低音还原真实

续上表

序号	音响升级方案	图片	价格和效果
4	三分频11扬声器套装、处理器功放套装、专业级主机、主动三分频系统		价格高昂,主动三分频整套系统搭配,还原高品质声乐体验

3.汽车导航中控系统

汽车导航中控系统也称为车载系统,通常安装在仪表台中部,如图5-9所示。车载系统随着科技的发展逐渐往智能联网转型,除了可以通过CAN总线连接车辆局域网进行信息互通外,还能将音响、导航、空调、倒车影像等集成在车载系统内统一操控。

但在低配置的车型上,出于成本考虑仍有部分车型使用较为传统的CD机和收音机组合,如图5-10a)所示。因此,市场上许多第三方厂商针对这部分车型定制开发基于安卓系统的车载系统,而且产品基本采用无损连接,直接使用原主机插头连接器即可,如图5-10b)所示,替换非常方便。选购时值得注意的是,市场上大部分产品是无法融合到汽车局域网的。

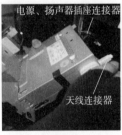

a)正面　　　　b)背面

图5-9 典型的大屏液晶车载系统　　　　图5-10 原车CD机和收音机总成

二、汽车娱乐类电子产品安装工具、设备和材料

汽车电子产品安装使用工具和材料有内饰拆卸套件、螺丝刀套装、电工胶布、排线卡子等(表5-3)。

一、实训资源

(1)实训场地:汽车维修工位1个。
(2)实训车辆:轿车1辆。
(3)工具耗材与设备:汽车内饰拆卸工具1套,汽车常用工具1套。

二、安全注意事项

(1)操作人员应穿着工作服和工作鞋。
(2)拆装车内外饰件请按维修手册步骤进行,以免损坏。
(3)安装电子产品时,部件安装牢固,走线规范。

三、操作过程

1. 安装智能后视镜

建议选购大品牌车型定制版的智能后视镜,可以在不影响原车的外观的前提下,实现智能后视镜的全部功能。安装智能后视镜操作方法及说明,见表5-11。

安装智能后视镜操作方法及说明　　　　　　　　　　表5-11

步　骤	操作方法及说明	质量标准及记录
1. 拆卸或替换车内后视镜	(1)查阅维修手册,拆卸原车的车内后视镜; (2)查阅产品安装说明书,安装车型定制版的智能后视镜 注意:车内后视镜的支架通常安装在前风窗玻璃上,在拆卸与安装时要特别小心,以免损坏前风窗玻璃	□查阅对应车型维修手册 □规范拆卸,取下车内后视镜 □查阅产品安装说明书 □牢固安装智能后视镜
2. 连接导线	(1)点烟器取电方式,直接连接点烟器电源,布线通常走仪表台右侧; (2)保险丝盒取电方式,通常使用无损的保险丝取电器,线路走仪表台左侧;	□走线规范,无外漏 □按产品要求,正确选择保险丝位置

续上表

步　骤	操作方法及说明	质量标准及记录
2. 连接导线	（3）若智能后视镜带 GPS 定位功能，可以将 GPS 定位器延伸隐藏到 A 柱的饰板内侧，并粘贴在 A 柱金属面一侧固定； （4）若智能后视镜带倒车影像功能，则将后置摄像头线束沿图示方式，隐藏式延伸到车辆后部适当位置安装，倒车信号线连接请参考项目五任务 1	□保险丝容量与用电器功率匹配 □完成无损保险丝取电器取电 □GPS 定位器安装牢固 □倒车摄像头安装牢固，功能正常
	提示： （1）拆卸车内饰板时请使用内饰专用塑胶撬棒，以免损伤饰件；安装饰件先确保卡扣无脱落方可安装； （2）布线时，沿着图示将线束塞入顶棚边缘和车 A 柱内饰件里面，达到隐藏和美观效果	
3. 功能测试	打开点火开关，开机测试： （1）导航、GPS 定位； （2）行车记录仪； （3）倒车影像； （4）蓝牙语音通话； （5）在线音乐视听	□完成测试，功能正常
4. 完工整理	（1）复原拆卸的内饰部件，饰件卡扣安装到位； （2）重新检查布线情况，做到隐蔽和美观； （3）车辆、工具、设备场地整理和复位	□饰件安装牢固，无松脱 □布线隐蔽，无外漏 □按 5S 要求整理

2.升级音响系统

以升级音响系统方案 1 为例,建议选购大品牌车型定制版的升级方案,可以在不影响原车的线路、外观和车身等问题的前提下,对原车扬声器的升级,较大地提升音响的音质。安装音响系统操作方法及说明见表 5-12。

安装异响系统操作方法及说明 表 5-12

步骤	操作方法及说明	质量标准及记录
1.安装车辆保护罩	保护车辆,安装车辆保护罩	□完成车辆保护
2.拆卸车门饰板和原车扬声器	(1)查阅维系手册,拆卸车门饰板固定螺钉,使用塑料撬棒撬开饰板,托住饰板往上提,脱开门拉索和相关线路连接器,即可分离门饰板; (2)拆卸原车扬声器 注意:拆卸过程中请佩戴手套,并使用专用的塑料撬棒和工具,保护好内饰件,以免划伤表面	□查阅对应车型维修手册 □规范完成车门饰板拆卸 □完成扬声器拆卸

续上表

步　骤	操作方法及说明	质量标准及记录
3. 车门隔音	使用隔音材料对车门进行双重隔音处理,并用滚轮压实,将门板打造成密封的箱体,阻隔噪声的传入 内侧隔音材料　　　　外侧隔音材料	□完成内侧隔音材料牢固铺设 □完成外侧隔音材料牢固铺设
4. 安装新扬声器	(1)固定扬声器支架座圈; (2)无损连接扬声器连接器; (3)套入升级替换的中低音扬声器并固定其位置; (4)若前门无高音喇叭则需在车门三角位处做倒模处理,然后安装高音扬声器; (5)装复车门饰板; 采用相同方法,完成后车门的扬声器替换安装	□完成安装,牢固可靠 □完成连接,牢固可靠 □完成安装,牢固可靠 □完成安装,牢固可靠 □完成安装,卡扣到位牢固可靠 □完成替换安装
5. 测试	播放音乐测试乐声音质; (1)通过仪器测试的技术指标测试失真度、频响与瞬态相应、信噪比和声道分离度和平衡度进行评价; (2)与客户一起主观聆听各种音效,从立体感、定位感、空间感、层次感和厚重感等方面对比升级前的差异性判断音质提升度	完成仪器测试 □性能良好 □性能不佳 完成聆听 □客户满意 □客户不满意

续上表

步骤	操作方法及说明	质量标准及记录
6.完工整理	(1)复原拆卸的内饰部件,饰件卡扣安装到位;	□饰件安装牢固,无松脱
	(2)车辆、工具、设备场地整理和复位	□按5S要求整理

3.安装汽车导航中控系统

建议选购大品牌车型定制版的汽车导航中控系统,可以在不影响原车的线路、外观和车身等问题的前提下,完成汽车主机导航中控系统的升级。安装汽车导航中控系统操作方法及说明见表5-13。

安装汽车导航中控系统操作方法及说明　　　　表5-13

步骤	操作方法及说明	质量标准及记录
1.安装车内保护	保护车辆,安装车辆座椅、转向盘保护罩和地板垫	□完成车辆保护
2.拆卸CD和收音机总成	(1)查阅维系手册,拆卸车门饰板固定螺钉,使用塑料撬棒撬开饰板;	□查阅对应车型维修手册
	(2)使用卡扣专用工具插入解除锁扣,双手拉出CD机和收音机总成;	□完成中控饰件拆卸
	(3)拔开CD机和收音机后部插头连接器	□拉出CD机和音机总成 □完成CD机和收音机总成拆卸

续上表

步骤	操作方法及说明	质量标准及记录
3. 安装导线、GPS 定位器	(1) USB 线束沿着仪表台内部延伸放到副驾驶侧的手套箱内;	□完成 USB 线束布置
	(2) 将 GPS 定位器从副驾驶侧手套箱内侧延伸拉到右侧 A 柱,撬开饰板将 GPS 定位器粘贴牢固;	□GPS 定位器安装牢固
	(3) 若导航中控系统附带倒车功能,后置摄像头安装、线束走向以及倒车信号线连接,参考项目五任务 1	□完成倒车摄像头安装
	注意:设备布线时,可塞入顶棚边缘和车 A 柱内饰件里面,达到隐藏和美观效果	
4. 安装导航中控系统总成	(1) 按设备安装说明书指引,连接导航中控系统总成后端倒车摄像头视频线,和倒车信号线;	□查阅安装说明书 □完成倒车视频线和倒车信号线连接
	(2) 连接导航中控系统总成后端插头连接器(收音机天线、GPS 定位器插头、USB 插头、后摄像头视频插头、电源和扬声器插头连接器);	□辨别插头连接器,完成设备连接
	(3) 装上主机,将主机推装到位;	□完成主机安装,安装到位
	(4) 连接主机搭铁线和显示单元线束插头;	□完成连接,牢固可靠

续上表

步骤	操作方法及说明	质量标准及记录
4.安装导航中控系统总成	(5)套入导航中控显示单元,确保卡扣到位 提示:导航中控系统后端的线束、插头连接器需要整理和包扎,有序放置	□ 完成安装,设备贴合美观
5.功能测试	打开点火开关,开机测试: (1)导航、GPS定位,反应迅速、精准; (2)倒车影像,挂入倒车挡检查影像位置和距离; (3)蓝牙语音通话,清晰无杂音; (4)连接智能手机测试 HiCar 或 CarPlay 功能; (5)影音系统测试等	□ 完成测试功能正常
6.完工整理	(1)复原拆卸的内饰部件,饰件卡扣安装到位; (2)车辆、工具、设备场地整理和复位	□ 饰件安装牢固,无松脱 □ 按5S要求整理

任务评价

汽车娱乐类电子产品安装考核评分记录见表5-14。

汽车娱乐类电子产品安装考核评分记录表   表5-14

类别	序号	项目	考核内容及要求	配分	评分标准 (各项配分扣完为止)	得分
专业知识 (20分)	1	娱乐类电子产品	正确描述有哪些娱乐类电子产品	5	能回答问题,但回答不完整,按比例扣分;不能回答,扣5分	
			正确描述各产品作用	5	能回答问题,但回答不完整,按比例扣分;不能回答,扣5分	
	2	导航中控系统电路识别	正确描述导航中控系统总成连接线路类型	5	能回答问题,但回答不完整,按比例扣分;不能回答,扣5分	

续上表

类别	序号	项 目	考核内容及要求	配分	评分标准 (各项配分扣完为止)	得分
专业知识 (20分)	2	导航中控系统电路识别	正确描述各线路作用	5	能回答问题,但回答不完整,按比例扣分;不能回答,扣5分	
操作技能 (80分)	1	劳保用品穿戴	劳保用品穿戴齐全	5	穿戴不全,不得分	
	2	正确选用工具、设备、材料	选用工具、设备、材料齐全准确	5	缺一件,扣1分,选错一件,扣1分	
	3	准备	准备工作齐全	5	准备不充分一项,扣2.5分	
	4	安装智能后视镜	正确安装智能后视镜	15	方法错误,扣5分;未完成,扣5分	
		安装汽车音响	正确安装汽车音响	15	方法错误,扣5分;未完成,扣5分	
		安装导航中控系统	正确安装导航中控系统	15	方法错误,扣5分;未完成,扣5分	
	5	正确使用工具、设备、材料	工具、设备使用正确	10	一种工具、设备、材料使用不正确,扣2分	
					损坏、丢失一件工具,不得分	
	6	操作规程	操作规程执行情况	5	违反操作规程,不得分	
	7	清理现场(5S管理)	清洁、整理并回收工具和设备	5	少收一件工具、设备,扣1分	
		分数总计		100	最终得分	

考核员签字:_____   日期:_____年____月____日

项目六　汽车玻璃贴膜

项目描述

汽车玻璃贴膜是在汽车前后风窗玻璃、门窗玻璃以及天窗玻璃上贴上一层薄膜状物体，也叫太阳膜或者防爆隔热膜。其作用是阻挡紫外线，阻挡部分热量以及防止玻璃意外破裂导致伤人，同时根据太阳膜的单向透视性能，可以达到保护个人隐私的目的。汽车生产厂家生产的新车一般都是不隔热、不防爆，需要购买后再进行玻璃贴膜。

本项目通过对汽车玻璃贴膜应用到的工具、设备、使用材料以及贴膜流程和方法进行讲解，从而让读者掌握汽车玻璃贴膜的专业知识和操作要点。

任务　汽车玻璃贴膜(五级、四级)

▶ 建议学时:8学时

考核要求

一、知识要求

1. 知道玻璃膜的作用和种类。
2. 熟悉旧玻璃膜拆除的工艺流程。
3. 会辨别和选用合适的玻璃膜。
4. 熟记玻璃膜贴膜的操作流程。
5. 掌握汽车玻璃贴膜工具设备的操作规范、维护及安全事项。

二、技能要求

1. 能说出玻璃膜的作用和种类。
2. 能识别并正确选用不同性能的玻璃膜。
3. 能正确拆除玻璃旧膜。
4. 能按照正确的操作流程及方法完成玻璃膜装贴工作。

任务准备

一、汽车玻璃贴膜基础知识

1. 太阳光的定义

太阳光,广义的定义是来自太阳所有频谱的电磁辐射。它是太阳上的热核聚变反应产生的强烈光辐射,经很长的距离射向地球,再经大气层过滤后到达地面。太阳光是最重要的自然光源,它普照大地,使整个世界姹紫嫣红,五彩缤纷。

太阳光是由紫外线、红外线和可见光3部分组成,如图6-1所示,红外线占比53%,是我们可以直接感受到阳光中热量的主要来源;紫外线占比3%,是导致车内饰物褪色、老化的主要元凶,容易使皮肤颜色加深、变黑,过度的紫外线暴晒还会诱发皮肤癌;可见光占比44%,是人类肉眼可见的部分,可见光由红、橙、黄、绿、蓝、靛、紫光波组合成,由于可见光谱段能量分布均匀,人眼观察到是白光。

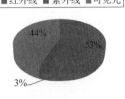

图6-1 太阳光的组成

2.玻璃膜的作用

(1)隔热防晒。贴膜能很好地解决红外线产生的大量热量,如图6-2所示。

(2)隔紫外线。紫外线中的中波、长波能穿透很厚的玻璃,贴上隔热膜能隔断99%的紫外线。防止皮肤受伤害,也能减轻汽车内饰老化。

(3)安全与防爆。防止玻璃意外破碎对司乘人员造成二次伤害。

(4)营造私密空间。贴膜后,车外看不清车内,保留隐私和安全。根据《机动车运行安全技术条件》(GB 9656—2016)里的要求,前风窗玻璃可见光透光率应大于等于70%。如果想要比较好的隐私性和隔热性的话,其他玻璃可以选择偏暗一些的深色膜。

(5)降低空调能耗。贴上隔热膜能一定程度上防止车内温度过高,达到节省油耗、降低空调能耗的作用。

(6)提升美观度。根据个人喜好,通过贴膜能个性化美观爱车。

(7)防眩光。保持眼睛舒适,降低因为眩光因素造成的意外情况。

图6-2 玻璃膜的作用

3.玻璃膜的种类

玻璃膜按不同的材料分为以下几种:

(1)传统染色膜,如图6-3所示。染色膜俗称茶纸,是指最低档的玻璃膜,这种膜没有金属涂层,只在胶中加了染色剂来避免眩光。其特点是可见光透过率低,缺乏良好的隔热性能,容易褪色(通常变为紫色),并且在长期使用后容易起泡,价格非常便宜。

(2)金属反光薄膜,如图6-4所示。市场上最普通的金属膜,一般是将金属加热蒸发镀在膜基材料表面制成(例如:铝),或是通过溅射喷涂工艺制成(例如:钛)。其特点是不具有光谱选择性;高透光的同时不会阻隔大部分热量、隔热性能提高的同时又会影响可见光的穿透;其高反射性或类似于镜面外观,容易造成光污染。一般美容店经常用这种膜冒充顶级膜,价格也不低,这种普通金属膜由于进入市场较早,消费者也误认为这种膜是高档膜。

图 6-3 染色膜

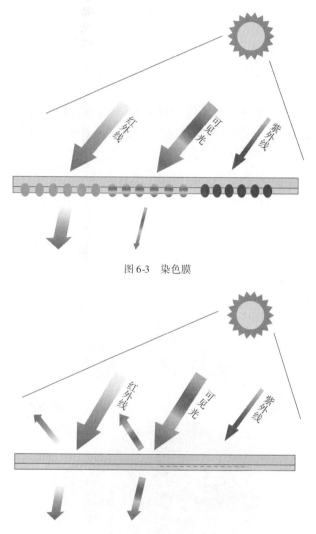

图 6-4 金属反光薄膜

(3)吸热型薄膜,如图6-5所示。这种膜热控性能稍有优势,但只是暂时隔热。它主要是在胶中加入吸热剂,可以在短时间内产生优异的隔热效果,饱和之后会产生二次辐射,所形成的远红外线对人体的危害更严重。其特点是不具有光谱选择性;高透光的同时不会阻隔大部分热量,隔热性能提高的同时又会影响可见光的穿透性;随着使用年限的增加,隔热性能会迅速降低。

(4)智能光谱选择薄膜,如图6-6所示。这是高端膜的一个技术趋势,由贵金属多涂层溅射而成。其特点是保证隔热性能优异的同时最大限度地允许可见光透过;它通过反射而非吸收热量,不会产生二次辐射现象。

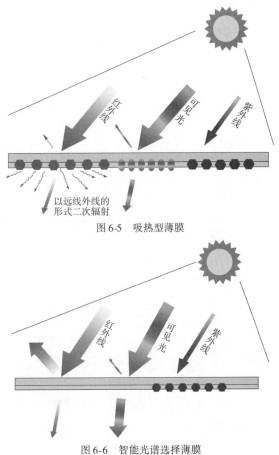

图 6-5 吸热型薄膜

图 6-6 智能光谱选择薄膜

4. 汽车太阳膜的裁法

汽车太阳膜产品规格一般为 1.52×30m,1.52m 为宽度,30m 为长度。宽度方向有收缩,长度方向没有收缩。根据产品本身特性,太阳膜裁法分为横裁和竖裁两种方式,见表 6-1。

太阳膜裁法及施工区别　　　　表 6-1

裁膜方式	示意图	施工特点
横裁	152cm / 92cm	横裁节约材料,玻璃需左右烤膜,左右面积大,不容易收缩,施工难度大,使用过程中会比较容易起泡、变形
竖裁	浪费掉的膜 / 92cm / 152cm	竖裁浪费材料,成本高,玻璃上需上下烤膜,上下面积小,膜容易收缩,施工简单,后期使用稳定

5.汽车玻璃膜性能评价指标

汽车玻璃膜品质优劣,能够从其性能参数中反映出来,汽车玻璃膜主要常用性能参数见表6-2。

汽车玻璃膜常用性能参数 表6-2

序号	参数	具体描述
1	太阳能总隔热率	玻璃膜对太阳热量的总阻隔能力
2	红外线阻隔率	玻璃膜对太阳光中红外线的阻隔能力
3	紫外线阻隔率	玻璃膜对太阳光中紫外线的阻隔能力
4	可见光穿透率	玻璃膜允许太阳光中可见光穿透进入车内的能力

(1)太阳能总隔热率。由于紫外线、可见光、红外线波段的能力分别占太阳光辐射总能的3%、44%、53%,因此太阳能的总隔热率可用下式估算:太阳能总隔热率=红外线阻隔率×53%+可见光阻隔率×44%+紫外线阻隔率×3%,经过计算得出膜的太阳能总隔热率越大说明其隔热效果越好。

(2)可见光透光率。根据《机动车运行安全技术条件》(GB 7258—2017)里的规定,前风窗玻璃驾驶员视区部位及驾驶员驾驶时用于观察外后视镜的部位的可见光透射比应大于或等于70%,所有车窗玻璃不应张贴镜面反光遮阳膜。因此,无论是前风窗玻璃、后风窗玻璃还是侧风窗玻璃,都建议选择透光度、清晰度高的膜。

(3)紫外线阻隔率。根据公安部出台的《汽车车窗玻璃遮阳膜》(GA/T 744—2013)的要求,太阳膜对紫外线的阻隔率要达到99%以上。

二、汽车玻璃贴膜工具、设备和材料

1.汽车玻璃贴膜工具、设备

(1)汽车玻璃贴膜对环境的密闭度、洁净度、温度和湿度都有较高的要求,需要在标准化的无尘车间进行,无尘车间标准配置见表6-3。

无尘车间标准配置 表6-3

种类	设施/设备	标准
设施配置	车间尺寸	6m×4m
	天花板	做有效处理,不掉灰尘
	墙面	做防水处理
	地面	做防水、防滑处理,环绕排水管道
设备配置	喷淋降尘设备	空气洁净度达到10000级左右
	加湿器	空气湿度达到50%~80%
	空调	空气温度保持在23℃左右

(2)汽车玻璃贴膜工具设备包括专业裁膜台、烤枪、裁膜刀等,具体见表6-4。

汽车玻璃贴膜工具设备 表6-4

序号	名　称	图　片	功　能
1	专业裁膜台		用作裁膜下料
2	直尺		尺寸测量
3	烤枪		加热膜片,使膜收缩
4	压力喷壶		用于向玻璃和膜片喷洒安装液
5	软刮板		清洁玻璃,上膜后挤赶水泡和水分
6	美工刀		制作样板,粗裁下料,膜边细裁
7	铁刮板		清洁玻璃,处理贴膜缺陷(尘点、折痕、气泡)

续上表

序号	名 称	图 片	功 能
8	硬刮板		烤膜定型,上膜后赶水
9	裁膜垫片		保护汽车贴膜时玻璃不被划伤

2. 汽车玻璃贴膜材料(表6-5)

汽车玻璃贴膜材料　　　　　　表6-5

序号	名 称	图 片	功 能
1	大毛巾		发动机舱盖、行李舱盖、仪表台、后风窗玻璃台板防护
2	小毛巾		门槛保护
3	座椅三件套		座椅、转向盘、地板垫等防护
4	遮蔽膜		用于车门内饰板防护

续上表

序号	名称	图片	功能
5	除胶剂		可将黏在玻璃、不锈钢表面、油漆表面、大理石表面处或撕膜后的残胶等黏贴物除去,还可将不干胶撕掉后残留下的糨糊物质轻易去除
6	安装液		清洁玻璃,使膜暂时失去黏性,便于施工
7	吸水纸		膜边吸水加固处理
8	玻璃清洁剂		清洁玻璃污垢
9	火山泥		祛除漆面和玻璃上的顽固污渍

一、实训资源

(1)实训场地:汽车玻璃贴膜无尘车间4个。
(2)实训车辆:轿车4辆,或者车门总成16个(带玻璃升降)。
(3)工具耗材与设备:汽车玻璃贴膜材料8套,汽车玻璃贴膜工具和设备8套。

二、安全注意事项

(1)操作人员应穿着工作服和工作鞋,必要时佩戴的护目镜、橡胶手套和口罩。

(2)电动设备使用严格按照额定电压、频率提供电源。

(3)烤枪使用时谨防高温烫伤人或烫坏汽车零部件。

(4)裁膜刀使用时谨防刮伤汽车或人。

(5)裁膜是使用垫片裁膜,以免划伤玻璃。

三、操作过程

1.汽车玻璃旧膜拆除

买了新车90%的车都会贴膜,但是通常贴的都是4S店赠送的膜。如果贴的是劣质膜,使用1~2年后汽车贴膜脱色、气泡、水波纹等现象严重;原来膜的质量不过关,车内味道刺鼻影响身体健康;车膜颜色过深,年审过不了或被交警要求强制拆除;使用后发现隔热效果不理想。那么这时候就需要先把汽车旧膜撕除,再为之更换新的玻璃膜,汽车玻璃旧膜拆除操作方法及说明见表6-6。

汽车玻璃旧膜拆除操作方法及说明   表6-6

步骤	操作方法及说明	质量标准及记录
1.吹起边角	(1)将玻璃下降一些,然后找边缘起来的地方,用烤枪加热,受热发软后揭起边角,用手一点点撕掉; (2)如果吹不起来,可以尝试用壁纸刀刮起一角; (3)加热时候只用加热边角地方就好;注意不要长时间吹一个地方,当心玻璃开裂	□确定撕膜起点位置 □应无长时间吹一个地方
2.边吹边撕	(1)一边用烤枪加热,一边撕。一般劣质膜好处理,因为膜本身黏度不强,如果是优质膜,撕起来相对费劲一些; (2)顶部弄得差不多了,就将玻璃升起一点来。注意别揭坏了,以免再重新起头; (3)建议最好能戴着口罩,因为如果是劣质膜的话,在撕膜时候味道会很难闻	□正确使用烤枪 □边烤边撕 □佩戴口罩 □完成旧膜去除

续上表

步骤	操作方法及说明	质量标准及记录
3.除胶	(1)门板内饰板或者仪表盘使用毛巾和遮蔽膜做好防护,防止除胶剂渗透进入门板或者仪表盘; (2)使用除胶剂均匀地喷到玻璃表面,等待3~5s; (3)使用铲刀清洁干净	□正确做好防护 □均匀喷洒除胶剂 □铲除干净残胶

2.汽车玻璃贴膜步骤

汽车门窗玻璃贴膜操作方法及说明见表6-7。

汽车门窗玻璃贴膜操作方法及说明　　　　　表6-7

步骤	操作方法及说明	质量标准及记录
1.准备工作	按图示准备贴膜所需工具材料	□检查工具材料是否齐全
2.外观检查清洗防护	(1)检查内外车况并完整记录,检查内容包括玻璃、漆面、玻璃胶条及内饰部件等; (2)对外观和内饰进行清洗前防护,使用遮蔽膜贴护车门内饰件,安装三件套;	□检查内外车况并记录 □清洗前进行内外防护

续上表

步骤	操作方法及说明	质量标准及记录
2.外观检查清洗防护	(3)清洗玻璃内外侧,清洗流程是喷水-用硬刮板刮一遍,若有顽固物则需要用刀片去除干净-喷水-软刮板清洁。清洗要点是玻璃边框使用干净的半湿毛巾清洁,清洁胶条槽用干净的半湿毛巾包住硬刮板塞入胶条槽内清洁,胶条槽是重点清洗部位,如果胶条槽较脏则需要多次清洁直至干净	□清洗玻璃边框 □清洗胶条槽
3.外侧打板下料	(1)打板。将使用过的保护膜覆在侧窗玻璃外表面,按照玻璃边框的尺寸和形状精确制作样板; 注意刀片勿划伤胶条; (2)粗裁下料。按照样板粗裁侧窗膜,粗裁时建议预留尺寸,实际尺寸以安装车型胶条深浅为准; (3)左右两侧玻璃对称且尺寸一致时,下料时应同时进行,裁完一侧后翻转样板再裁另外一侧	□正确制作样板 外侧打板下料 □粗裁预留尺寸正确 □粗裁时两侧同时完成
4.烤枪加热定型	在玻璃外表面均匀喷洒安装液,将粗裁膜固定到玻璃上,用烤枪加热气泡部位,待其收缩后借助硬刮板用力将气泡赶平,烤完所有气泡直至膜与玻璃弧度完全吻合; 注意加热时控制好温度、距离和时间,以免把膜烤坏	□正确使用烤枪 □赶平全部气泡 □膜与玻璃完全吻合

续上表

步　骤	操作方法及说明	质量标准及记录
5. 精细裁膜	将膜与玻璃对正,左右两边预留同样距离,下边预留1~2cm,适当下降玻璃后用裁膜刀将玻璃上端将多余的膜裁掉,注意裁切过程中保持手部动作的平稳和刀片与玻璃角度的一致	□下边预留尺寸正确 □裁切上边多余的膜 □裁膜整齐
6. 内侧玻璃深度清洁	在正式安装膜前须对内侧玻璃进行深度清洁,清洁方法参照步骤1	□完成内侧玻璃深度清洁
7. 贴附膜	(1)揭膜。用手指搓开膜角处的保护膜,将保护膜揭开后,将安装液均匀喷洒到膜面,尽可能多一些,新揭开的膜面不能碰到任何东西; (2)上膜。先将膜下端塞入车门侧胶条缝内,再将膜上端与玻璃贴合,最后将膜定位到正确的位置,定位时注意检查边上是否存在漏光	□正确完成揭膜 □正确完成上膜 贴附膜
8. 定位赶水	(1)定位。将安装液均匀喷洒于膜面,用一只手按住膜面,防止膜走位,另一只手用软刮板赶走膜内大部分水进行定位; (2)赶水。将揭下的保护膜对正放在膜面上,用硬刮板刮平后再用力赶水,赶水时从中间往四周赶水,后一刮板压前一刮板1/3,防止遗漏	□正确完成定位 □将膜内的水全部赶干净

续上表

步骤	操作方法及说明	质量标准及记录
9.完工检查	清洁后质检。清洁后仔细检查所贴窗膜有无气泡、尘点、漏光、折痕、划痕和水痕等缺陷；对于轻微的可处理的缺陷可运用烤枪与铁刮板、硬刮板与吸水纸配合进行处理，常用处理方法有加热挤压和用力刮平；对于漏光明显、集中尘点和明显划痕等缺陷，则需要重新贴膜	□清洁后完成质检 □膜内无水泡等缺陷
10.完工整理	车辆、工具、设备场地整理和复位	□按5S要求整理

任务评价

汽车玻璃贴膜考核评分记录见表6-8。

汽车玻璃贴膜考核评分记录表（以门窗玻璃为例）　　　　表6-8

类别	序号	项目	内容及要求	配分	评分标准（各项配分扣完为止）	得分
专业知识(20分)	1	玻璃贴膜材料	知道玻璃膜的作用和种类	5	能回答问题，但回答不完整，按比例扣分；不能回答，扣5分	
			会辨别和选用合适玻璃膜	5	能回答问题，但回答不完整，按比例扣分；不能回答，扣5分	
	2	玻璃贴膜流程	正确描述玻璃膜贴膜的操作流程	5	能回答问题，但回答不完整，按比例扣分；不能回答，扣5分	
			掌握贴膜工具设备的操作规范、维护及安全事项	5	能回答问题，但回答不完整，按比例扣分；不能回答，扣5分	
操作技能(80分)	1	准备工作	劳保用品穿戴规范	3	检查是否佩戴手表、饰品等，一件扣1分	
			工作服穿戴	2	规范穿戴，不扣分，不规范或者未穿戴，扣2分	
	2	工具设备	准备工作齐全	5	准备不充分，每漏一项，扣1分	

续上表

类别	序号	项目	内容及要求	配分	评分标准 (各项配分扣完为止)	得分
操作技能 (80分)		外观检查	检查内外车况	5	玻璃、漆面、胶条及内饰部件等漏检一项,扣2分,未记录车况,扣3分	
	3	贴护	对门板内饰件等做防护	5	内饰三件套未做,扣2分;车门内饰件未做防护,扣5分	
		清洗玻璃	人工清洗玻璃内外侧	7	外侧未清洗或者清洗不干净,扣2分;内侧未清洗或者清洗不干净,扣5分	
	4	外侧打板下料	准确完成打板	10	打板错误或者未完成,扣5分	
			粗裁下料		粗裁下料错误或者未完成,扣5分	
	5	烤膜定型	使用安装液将玻璃膜固定到玻璃上并加热定型	5	错误使用烤枪加热,扣3分,气泡未赶平一个,扣2分,定型后玻璃膜跟玻璃未完全贴合,扣5分	
	6	精细裁膜	将膜与玻璃对正后按要求预留尺寸后进行精裁	10	预留尺寸位置错一处,扣5分	
	7	深度清洗内侧玻璃	手工再次清洗内侧玻璃	3	未清洗干净,扣3分	
	8	贴附玻璃膜	将膜部分揭开后使用安装液将膜贴附到玻璃内侧	5	揭膜方法错误,扣3分,贴附好玻璃膜后边上存在漏光一处,扣2分	
	9	定位赶水	利用安装液和软刮板赶水固定,再用硬刮板彻底赶水	10	赶水方法错误,扣3分,未正确固定,扣5分,未彻底赶水,扣5分	
	10	完工检查	完工后检查贴膜效果并对缺陷进行处理	5	玻璃膜有气泡、尘点、漏光、折痕、划痕和水痕等缺陷每处,扣2分	
	11	清理现场(5S管理)	清理、擦洗并回收工具和设备	5	未复位每项,扣2分	
		分数总计		100	最终得分	

考核员签字:_____ 日期:_____年____月____日

模 拟 试 题

汽车美容装潢工技能等级认定四级
理论知识试卷(样卷)

注 意 事 项

1. 考试时间:90 分钟。
2. 请首先按要求在试卷的标封处填写您的姓名、准考证号和所在单位的名称。
3. 请仔细阅读各种题目的回答要求,在规定的位置填写您的答案。
4. 不要在试卷上乱写乱画,不要在标封区填写无关的内容。

题 号	一	二	总 分
得 分			

得 分	
评分人	

一、判断题(第 1 ~ 20 题。请将判断结果填入括号中,正确的填"√",错误的填"×"。每题 1 分,共 20 分)

( )1. 职业道德是指与人们的职业活动联系的,具有自身职业特征的道德准则和规范,是职业范围内形成的特殊的道德。

( )2. 汽车维修职业道德是指汽车维修技术人员在汽车维修工作中必须遵循的职业道德准则和行为规范。

( )3. 在汽车维修过程中,经常会使用到扳手、螺钉旋具、锤子和气动扳手等工具。

( )4. 大小和方向都不随着时间作周期性变化的电流称为交流电。

( )5. 汽车漆面翻新养护主要有漆面打蜡、抛光、镀晶等方案。

( )6. 汽车漆面常见缺陷有漆面氧化层、顽渍污垢、摩擦刮蹭和漆面保养不当引起的损伤。

( )7. 底盘装甲可以在汽车底部除排气管以外的底盘部件进行喷涂,形成保护层,具有防腐蚀、防锈、隔音降噪、隔热和抗冲击等作用。

( )8. 汽车内饰件常用的材质有皮革、镀铬、桃木、塑料和橡胶等。

( )9. 汽车内饰件养护材料常见的内饰清洗液有万能泡沫清洁剂、内饰镀膜液、表板蜡、真皮护理镀膜剂等。

(　　)10. 汽车安全类电子产品常见有倒车雷达、中控锁、行车记录仪、胎压检测器等。

(　　)11. 倒车雷达系统又称驻车辅助系统,在倒车遇到障碍物时通过显示屏或蜂鸣器向驾驶人发出警告。

(　　)12. 汽车娱乐类电子产品常见的有智能后视镜、车载音响系统、车载影像系统等。

(　　)13. 汽车音响可以使驾驶人和乘客在行车中不再枯燥,心情更加愉悦,从而提高行车的舒适性。

(　　)14. 太阳光是由紫外线、红外线和可见光三部分组成。

(　　)15. 玻璃膜具有隔热防晒、隔紫外线、安全与防爆等作用。

(　　)16. 玻璃膜的种类按不同材料分为传统染色膜、金属反光薄膜、吸热型薄膜、智能光谱选择薄膜。

(　　)17. 玻璃膜的太阳能总隔热率越小说明其隔热效果越好。

(　　)18. 烤枪使用时谨防高温烫伤人或烫坏汽车零部件。

(　　)19. 裁膜刀使用时谨防划伤汽车表面或人。

(　　)20. 清洗玻璃时,玻璃胶条槽不是重点清洗部位,如果胶条槽较脏只需简单清洁即可。

得　分	
评分人	

二、单项选择题(第 1~80 题。请选择一个正确答案,将相应字母填入括号内。每题 1 分,共 80 分)

1. (　　)是对公民职业行为准则的价值评价,要求公民忠于职守、克己奉公、服务人民、服务社会,充分体现了社会主义职业精神。
   A. 爱国　　　　B. 敬业　　　　C. 诚信　　　　D. 友善

2. (　　)和接受监督是遵守国家法律、法规和规章,端正经营行为。
   A. 守法经营　　B. 诚信为本　　C. 尊重客户　　D. 弘扬职业道德

3. 重视(　　),环保意识强是搞好文明生产和安全生产重要内容。经营者要防止污染,保护环境,不断完善服务设施和服务功能。
   A. 守法经营　　　　　　　B. 安全文明生产
   C. 诚信为本　　　　　　　D. 尊重客户

4. 我国车用汽油标号按汽油中的辛烷值进行划分,标号越高,代表辛烷值越高,(　　)越好。
   A. 抗爆性　　　B. 燃烧性　　　C. 经济性　　　D. 易燃性

5. 液压传动系统由(　　)、油缸、控制阀和各类辅助元件组成。
   A. 气泵　　　　B. 水泵　　　　C. 油泵　　　　D. 电泵

6. 发动机的作用是将燃料燃烧的(　　)转化为机械能,为车辆行驶和附件工作提供动力。
   A. 太阳能　　　B. 风能　　　　C. 电能　　　　D. 热能

7. 汽车底盘由汽车(　　)系统、行驶系统、制动系统和转向系统等组成。
   A. 传动　　　　B. 离合器　　　C. 变速器　　　D. 差速器

8. 汽车维修的局部近距离照明和可移动照明,采用( )V及以下安全电压。
   A. 12   B. 24   C. 36   D. 220

9. 废油、废液、废气、废蓄电池、废轮胎及垃圾等( )物质应集中收集、有效处理。
   A. 一般   B. 有害   C. 废弃   D. 可回收

10. 车辆维修竣工,严格检查车辆( )和噪声指标,必须达到标准方能出厂。
    A. 尾气排放 B. 动力   C. 燃油消耗率 D. 点火性能

11. ( )鼓励推广应用机动车维修环保、节能、不解体检测和故障诊断技术,推进行业信息化建设和救援、维修服务网络化建设,提高机动车维修行业整体素质,满足社会需要。
    A. 机动车维修管理规定   B. 环保法规
    C. 道路运输从业人员管理规定   D. 交通法规

12. 日晒雨淋和紫外线照射容易使车漆成分内含有的金属物质氧化,导致出现( )的漆面缺陷。
    A. 漆面氧化层   B. 柏油沥青污渍
    C. 摩擦剐蹭   D. 漆面保养不当

13. 铁粉去除剂配合去渍泥揉搓擦拭可以去除( )。
    A. 漆面氧化层   B. 柏油沥青污渍
    C. 摩擦剐蹭   D. 漆面保养不当

14. 柏油沥青清洗剂可以有效去除漆面的( )。
    A. 氧化层   B. 柏油沥青污渍
    C. 划痕   D. 裂纹

15. ( )还具有防水、防酸雨、防雾等功效。
    A. 柏油沥青清洗剂   B. 铁粉去除剂
    C. 车蜡   D. 去渍泥

16. ( )能提高漆面硬度达6~9H,减少细小硬物与漆面摩擦剐蹭损伤。
    A. 柏油沥青清洗剂   B. 铁粉去除剂
    C. 车蜡   D. 镀晶

17. ( )一般为橡胶树脂型防锈漆,附着力强,可为汽车底盘喷涂形成防护层。
    A. 底盘装甲防锈漆   B. 车蜡
    C. 镀晶   D. 封釉

18. 镀晶完成后要让晶体在漆面上充分固化,( )小时内不得用水冲洗车辆。
    A. 2   B. 4   C. 12   D. 48

19. 打蜡的施工环境,要求环境整洁,没有风沙、灰尘,通风光线良好的地方,场地建议最好在( )内施工。
    A. 露天广场 B. 路面   C. 无尘室   D. 树底下

20. ( )也称为抛光研磨蜡,能有效去除漆面瑕疵、中轻度划痕及漆表面磨平处理作业,清除漆面划痕、橘纹、填平细小针孔等。
    A. 铁粉去除剂   B. 柏油沥青清洗剂
    C. 抛光研磨剂   D. 固体车蜡

21. (　　)用于给车漆表面均匀附着上一层车蜡,起到去除车漆面污渍、增加漆面的光亮度、光滑度、填充漆面细小的划痕、防止紫外线对漆面的损害的作用。
    A. 抛光机　　　B. 打蜡机　　　C. 去渍泥　　　D. 镀晶海绵块

22. 多功能泡沫清洁剂喷出后呈细腻的(　　)状,其含有抗菌、芳香成分,去污能力强。
    A. 水柱　　　B. 泡沫　　　C. 雾化　　　D. 固体

23. (　　)对座椅皮革、门饰板皮革有着清洁、滋润的作用。
    A. 多功能泡沫清洁剂　　　　B. 内饰镀膜液
    C. 表板蜡　　　　　　　　　D. 皮革护理剂

24. (　　)清洁时,车内电子部件需提前做好防护,清洁剂不要直接喷在电子开关和液晶屏幕上。
    A. 顶棚　　　B. 座椅　　　C. 仪表板　　　D. 地毯

25. 汽车玻璃清洁时,需使用专用的(　　)。
    A. 表板蜡　　　　　　　　　B. 璃清洁剂
    C. 皮革护理剂　　　　　　　D. 内饰镀膜液

26. 内饰清洗枪可以借助(　　)将内饰清洁液雾化喷洒内饰表面。
    A. 液体压力　　　B. 压缩空气　　　C. 手动挤压　　　D. 化学反应

27. 汽车内饰件养护需要用到的工具设备有工具车、(　　)、收纳盒、内饰清洁毛巾、真皮镀膜海绵和风口清洁毛刷等。
    A. 内饰清洗枪　　　B. 水枪　　　C. 压缩空气枪　　　D. 吸尘器

28. 风口清洁毛刷的刷毛(　　)有韧性,有足够的清洁力,不伤车体,能清洁细小的缝隙。
    A. 坚硬　　　B. 松散　　　C. 柔软　　　D. 整齐

29. 顶棚清洁护理时,需要等待顶棚清洁剂的泡沫浸透污渍后,使用(　　)干净的内饰专用毛巾擦拭清洁。
    A. 浅色　　　B. 深色　　　C. 黑色　　　D. 任意颜色

30. 座椅清洁护理,首先使用多功能泡沫清洁剂配合内饰专用毛巾清洁座椅,待真皮座椅表面干透后,喷洒(　　)或用专用海绵将真皮镀膜剂均匀涂抹在座椅表面。
    A. 多功能泡沫清洁剂　　　　B. 内饰镀膜液
    C. 固体车蜡　　　　　　　　D. 真皮上光保护剂

31. (　　)主要包括顶棚、仪表板、玻璃、座椅、车门护板、地毯和行李舱等位置的清洁和护理。
    A. 汽车漆面翻新养护　　　　B. 汽车内饰件养护
    C. 汽车电子产品安装　　　　D. 汽车玻璃贴膜

32. 传统燃油汽车主要由蓄电池和(　　)供电。
    A. 发动机　　　B. 发电机　　　C. 起动机　　　D. 点火开关

33. 汽车蓄电池一般为铅酸蓄电池,将(　　)转变成电能。
    A. 机械能　　　B. 太阳能　　　C. 化学能　　　D. 风能

34. 汽车电路有采用低压12V的(　　)电源和负极搭铁的特点。
    A. 交流　　　B. 直流　　　C. 交直流　　　D. 不确定

35. 发电机在发动机传动带驱动下,将( )转变为电能。
   A. 机械能　　　B. 太阳能　　　C. 化学能　　　D. 风能
36. 汽车电路由电源、开关、( )、电线和过载保护装置等组成。
   A. 大灯　　　　B. 点火开关　　C. 保险丝　　　D. 用电设备
37. ( )可以便捷地通过驾驶侧车门上的中控锁开关同时控制全部车门的开启或关闭的一套装置。
   A. 汽车中控锁　B. 行车记录仪　C. 倒车雷达　　D. 胎压检测器
38. ( )主要组成包括摄像头、集成处理器、麦克风、重力传感器和支架等组成。
   A. 汽车中控锁　B. 行车记录仪　C. 倒车雷达　　D. 胎压检测器
39. 行车记录仪的( )会记录行车时受到碰撞、晃动、上升、下降、跌落等各种变化视频影像,然后传递给处理器,处理器分析判断后,锁定视频影像保护状态,不会在以后的录制中被自动删除和覆盖,为交通事故提供证据。
   A. 麦克风　　　B. 处理器　　　C. 重力传感器　D. 摄像头
40. 汽车内饰拆卸套件包含有多种汽车内饰拆卸工具,可用于( )、仪表板、安装夹、顶灯、门板和车内配件。
   A. 汽车音响　　B. 蓄电池　　　C. 发电机　　　D. 起动机
41. 挂入倒挡分别测试( )功能,可使用挡板测试不同距离倒车雷达显示和蜂鸣声是否正确。
   A. 汽车中控锁　B. 行车记录仪　C. 倒车雷达　　D. 胎压检测器
42. 将( )摄像头固定在前风窗玻璃上方,注意切勿遮挡驾驶人视线。
   A. 汽车中控锁　B. 行车记录仪　C. 倒车雷达　　D. 胎压检测器
43. ( )多为安卓、WinCE 操作系统,集成了前车摄像头、GPS 定位器等硬件。
   A. 智能后视镜　　　　　　　　B. 车载音响系统
   C. 车载影像系统　　　　　　　D. 车载倒车系统
44. ( )一般由主机、扬声器、功放等组成。
   A. 智能后视镜　　　　　　　　B. 汽车音响系统
   C. 车载影像系统　　　　　　　D. 车载倒车系统
45. 汽车导航中控系统也称为车载系统,通常安装在( )中部。
   A. 车内后视镜　B. 仪表台　　　C. 前风窗玻璃　D. 后风窗玻璃
46. 车内后视镜的支架通常安装在( )上,在拆卸与安装时要特别小心,以免损坏前风窗玻璃。
   A. 前风窗玻璃　B. 后风窗玻璃　C. 顶棚　　　　D. 仪表台
47. 拆卸车门饰板和扬声器时,建议佩戴手套,并使用专用的( )和工具,保护好内饰件,以免划伤表面。
   A. 一字螺丝刀　B. 十字螺丝刀　C. 金属撬棒　　D. 塑料撬棒
48. ( )需使用隔音材料对车门进行双重隔音处理,并用滚轮压实,将门板打造成密封的箱体,阻隔噪声的传入。
   A. 车门饰板　　B. 车门防护　　C. 车门隔音　　D. 车门电器

49.车载影像系统通常指( ),升级该车机可实现语音控制、通话、音乐、视频、导航、倒车影像等功能,可提高行车的安全性和娱乐性。
   A.汽车音响系统   B.导航中控系统
   C.车载倒车系统   D.智能后视镜

50.( )升级可以提高音乐的听觉享受,升级有替换车载扬声器、增加DSP功率放大器等方式,适用于对于音乐音质有较高追求的人。
   A.智能后视镜   B.车载音响系统
   C.车载影像系统   D.车载倒车系统

51.( )具有独立的操作系统,独立的运行空间,可以由用户自行安装软件、游戏、导航等第三方服务商提供的程序,可以实现行车记录、GPS定位、电子测速提醒、倒车可视、实时在线影音娱乐等功能。
   A.智能后视镜   B.车载音响系统
   C.车载影像系统   D.车载倒车系统

52.拆卸( )时请使用内饰专用塑胶撬棒,以免损伤饰件。
   A.车内饰板   B.车门防护   C.车门隔音   D.车门电器

53.太阳膜裁法分为( )和竖裁两种方式。
   A.横裁   B.斜裁   C.对角裁   D.交叉裁

54.前窗、后窗和侧窗,都建议选择透光度、清晰度( )的玻璃膜。
   A.低   B.较低   C.一般   D.高

55.根据《汽车车窗玻璃遮阳膜》(GA/T 744—2013)的要求,太阳膜对( )的阻隔率要达到99%以上。
   A.紫外线   B.红外线   C.可见光   D.热量

56.汽车玻璃贴膜工具设备包括专业裁膜台、( )、裁膜刀等。
   A.烤枪   B.玻璃清洁剂 C.玻璃除胶剂 D.玻璃膜安装液

57.( )可以清洁玻璃,使膜暂时失去黏性,便于施工。
   A.玻璃清洁剂 B.玻璃除胶剂 C.玻璃水   D.玻璃膜安装液

58.( )可以清洁玻璃污垢。
   A.玻璃清洁剂 B.玻璃除胶剂 C.玻璃水   D.玻璃膜安装液

59.( )可将黏在玻璃、不锈钢表面、油漆表面、大理石表面处或撕膜后的残胶等黏贴物除去,还可将不干胶撕掉后残留下的糨糊物质轻易去除。
   A.玻璃清洁剂 B.玻璃除胶剂 C.玻璃水   D.玻璃膜安装液

60.( )的作用是在玻璃清洁和贴膜时可以保护车门内板,提供防护。
   A.座椅三件套 B.遮蔽膜   C.玻璃膜   D.太阳膜

61.( )主要对座椅、转向盘、地板垫等防护。
   A.座椅三件套 B.遮蔽膜   C.玻璃膜   D.太阳膜

62.( )可以配合玻璃清洁剂清除玻璃上的污垢。
   A.玻璃水   B.玻璃膜安装液
   C.火山泥   D.烤枪

63.( )玻璃膜容易产生脱色、气泡、水波纹等现象甚至会产生刺鼻味道影响身体安全。

　　A.劣质　　　　B.优秀　　　　C.正常　　　　D.良好

64.汽车玻璃旧膜拆除可以使用烤枪加热玻璃膜( ),当膜受热发软后揭起边角,用手一点点撕掉。

　　A.中部　　　　B.下方　　　　C.边缘　　　　D.左侧

65.使用烤枪辅助拆洗旧玻璃膜时最好能戴( ),因为如果是劣质膜的话,在撕膜时会产生刺激性的气味。

　　A.眼镜　　　　B.耳塞　　　　C.鼻塞　　　　D.口罩

66.旧玻璃膜残余胶质物可以使用( )均匀的喷到玻璃表面,等待3~5s,然后使用铲刀清洁干净。

　　A.玻璃清洁剂　B.玻璃除胶剂　C.玻璃水　　　D.玻璃膜安装液

67.玻璃贴膜作业中( )可以通过加热玻璃膜片使膜收缩。

　　A.烤枪　　　　B.软刮板　　　C.美工刀　　　D.铁刮板

68.( )的作用是清洁玻璃,上膜后挤赶水泡和水分。

　　A.烤枪　　　　B.软刮板　　　C.美工刀　　　D.铁刮板

69.( )的作用是制作样板,粗裁下料,膜边细裁。

　　A.烤枪　　　　B.软刮板　　　C.美工刀　　　D.铁刮板

70.( )的作用是清洁玻璃,处理贴膜缺陷(尘点、折痕、气泡)。

　　A.烤枪　　　　B.软刮板　　　C.美工刀　　　D.铁刮板

71.( )的作用是烤膜定型,上膜后赶水。

　　A.硬刮板　　　B.软刮板　　　C.美工刀　　　D.铁刮板

72.( )的作用是保护汽车贴膜时玻璃不被划伤。

　　A.硬刮板　　　B.软刮板　　　C.铁刮板　　　D.裁膜垫片

73.( )是将使用过的保护膜覆在窗玻璃外表面,按照玻璃边框的尺寸和形状精确制作样板。

　　A.玻璃膜打板　　　　　　　　B.玻璃膜粗裁
　　C.精细裁膜　　　　　　　　　D.贴附膜

74.( )下料是按照样板粗裁侧窗膜,粗裁时预留尺寸,实际尺寸以安装车型胶条深浅为准。

　　A.玻璃膜打板　B.玻璃膜粗裁　C.精细裁膜　　D.贴附膜

75.烤枪加热定型是在玻璃外表面均匀喷洒( ),将粗裁膜固定到玻璃上,用烤枪加热气泡部位,待其收缩后借助硬刮板用力将气泡赶平,烤完所有气泡直至膜与玻璃弧度完全吻合。

　　A.玻璃清洁剂　B.玻璃除胶剂　C.玻璃水　　　D.玻璃膜安装液

76.( )是将膜与玻璃对正,左右两边预留同样距离,下边预留1~2cm,适当下降玻璃后用裁膜刀津贴玻璃上端将多余的膜裁掉。

　　A.玻璃膜打板　B.玻璃膜粗裁　C.精细裁膜　　D.贴附膜

77. (　　)是指用牙齿或手指搓开膜角处的保护膜,将保护膜揭开,注意在膜面均匀喷洒安装液。

　　A.揭膜　　　　B.上膜　　　　C.玻璃膜定位　　D.赶水

78. (　　)是先将膜下端塞入车门侧胶条缝内,再将膜上端与玻璃贴合,最后将膜定位到正确的位置。

　　A.揭膜　　　　B.上膜　　　　C.玻璃膜定位　　D.赶水

79. (　　)是指将安装液均匀喷洒于膜面,用一只手按住膜面,防止膜走位,另一只手用软刮板赶走膜内大部分水进行定位。

　　A.揭膜　　　　B.上膜　　　　C.玻璃膜定位　　D.赶水

80. 玻璃贴膜后质检,对于漏光明显、集中尘点和明显划痕等缺陷,(　　)重新贴膜。

　　A.需要　　　　B.不需要　　　C.不可　　　　D.不做要求

汽车美容装潢工技能等级认定四级技能考核试卷(样卷)

注 意 事 项

1. 考试时间:100 分钟。
2. 请首先按要求在试卷的标封处填写您的姓名、准考证号和所在单位的名称。
3. 请仔细阅读各种题目的技能要求,在规定的时间内完成对应的技能考核。
4. 不要在试卷上乱写乱画,不要在标封区填写无关的内容。

题 号	一	二	三	总 分
得 分				

得 分	
评分人	

一、汽车漆面养护——打蜡

1. 本题分值:35 分
2. 考核时间:30min
3. 考核形式:实际操作
4. 具体考核要求:
(1)正确、规范使用打蜡工具和耗材。
(2)按操作规程完成规定区域的漆面打蜡。
(3)漆面打蜡质量符合技术标准。
(4)作业过程规范、安全、有序、整洁、合理。
5. 否定项说明:
若考生发生下列情况之一,则应及时终止其考试,考生该试题成绩记为零分。
(1)考生没按规定要求穿戴劳保用品。
(2)操作过程中出现严重违规操作。
(3)造成人身伤害或设备损坏。
6. 作业工单

序号	操作步骤	作业内容	完成情况	
1	作业前准备	按工作要求穿戴劳保用品	□已完成	□未完成
		检查打蜡的工具、设备和耗材	□已完成	□未完成
		检查作业漆面清洁情况,漆面清洁、无灰尘、污渍	□已完成	□未完成
2	漆面打蜡	按顺序均匀给漆面上蜡	□已完成	□未完成
		横竖交替方式按区域均匀打蜡	□已完成	□未完成

续上表

序号	操作步骤	作业内容	完成情况
2	漆面打蜡	完成边角打蜡	□已完成 □未完成
		用抹蜡毛巾清除漆面残留蜡迹	□已完成 □未完成
3	打蜡质量检查	检查漆面光滑度,打蜡漆面清水测试,水珠迅速溜走	□光滑度正常 □光滑度不足
		检查漆面光亮度,聚光灯检查漆面光亮程度	□光亮度充足 □光亮度不足
		检查打蜡全面程度,装饰件接驳处漆面光亮度、光滑度一致,无残余蜡	□接驳处一致,无残蜡 □接驳处不一致
4	完工检查	全部操作项目按技术要求完工	□已完成 □未完成
5	清洁整理	清理现场(5S管理)	□已完成 □未完成

得 分	
评分人	

二、安全类电子产品安装——倒车辅助装置

1. 本题分值:30分

2. 考核时间:30min

3. 考核形式:实际操作

4. 具体考核要求:

(1)正确、规范使用工具和耗材。

(2)按操作规程完成倒车雷达安装。

(3)倒车雷达功能测试符合技术标准。

(4)作业过程规范、安全、有序、整洁、合理。

5. 否定项说明:

若考生发生下列情况之一,则应及时终止其考试,考生该试题成绩记为零分。

(1)考生没按规定要求穿戴劳保用品。

(2)操作过程中出现严重违规操作。

(3)造成人身伤害或设备损坏。

6. 作业工单

序号	操作步骤	作业内容	完成情况
1	作业前准备	按工作要求穿戴劳保用品	□已完成 □未完成
		检查工具、设备耗材和安装说明书齐备	□已完成 □未完成
2	安装倒车雷达	按安装说明书要求标记打孔	□已完成 □未完成
		按安装说明书要求连接倒车雷达导线	□已完成 □未完成
		按安装说明书要求连接倒车雷达主机,并固定主机	□已完成 □未完成

续上表

序号	操作步骤	作业内容	完成情况
3	倒车测试	倒挡测试不同距离倒车雷达显示和蜂鸣声符合技术要求	□功能正常 □功能不正常
4	完工检查	复原拆卸的内饰部件,布线隐蔽,全部操作项目按技术要求完工	□已完成　□未完成
5	清洁整理	清理现场(5S管理)	□已完成　□未完成

得　分	
评分人	

三、汽车玻璃贴膜——前门窗玻璃贴膜

1. 本题分值:35分
2. 考核时间:40min
3. 考核形式:实际操作
4. 具体考核要求:
(1)正确、规范使用贴膜工具和耗材。
(2)按操作规程完成指定前门窗玻璃贴膜。
(3)贴膜质量符合技术标准。
(4)作业过程规范、安全、有序、整洁、合理。
5. 否定项说明:
若考生发生下列情况之一,则应及时终止其考试,考生该试题成绩记为零分。
(1)考生没按规定要求穿戴劳保用品。
(2)操作过程中出现严重违规操作。
(3)造成人身伤害或设备损坏。
6. 作业工单

序号	操作步骤	作业内容	完成情况
1	作业前准备	按工作要求穿戴劳保用品	□已完成　□未完成
		检查工具、设备和耗材齐备	□已完成　□未完成
2	贴膜	一边用烤枪加热吹一边撕旧膜	□已完成　□未完成
		对车门板内饰件等做防护	□已完成　□未完成
		人工清洗玻璃内外侧	□已完成　□未完成
		准确完成打板,粗裁下料	□已完成　□未完成
		使用安装液将玻璃膜固定到玻璃上并加热定型	□已完成　□未完成
		将膜与玻璃对正,按要求预留尺寸后进行精裁	□已完成　□未完成
		手工再次清洗内侧玻璃	□已完成　□未完成
		将膜部分揭开后使用安装液将膜贴到玻璃内侧	□已完成　□未完成
		利用安装液和软刮板赶水固定,再用硬刮板彻底赶水	□已完成　□未完成

续上表

序号	操作步骤	作业内容	完成情况
3	完工检查	检查贴膜效果,处理缺陷,玻璃膜应无气泡、尘点、漏光、折痕、划痕和水痕等缺陷	□无缺陷 □有缺陷
4	完工检查	全部操作项目按技术要求完工	□已完成 □未完成
5	清洁整理	清理现场(5S 管理)	□已完成 □未完成

参 考 文 献

[1] 刘付金文.汽车美容与装饰[M].广州:广东高等教育出版社,2016.
[2] 李井清.汽车装饰与美容[M].北京:电子工业出版社,2017.
[3] 侯朋朋.汽车装饰与美容[M].北京:人民交通出版社股份有限公司,2021.